中国历代党争史

王桐龄◎著

应急管理出版社
·北京·

序　论

第一节　中国主权者之位置

西洋历史为进化的，中国历史为循环的，西洋历史如螺旋形，愈转而愈向上，虽时有伸缩，然平均仍向上也，中国历史如转磨形，百转不离故处，虽时有进退，然进退之差，仍在旧有历史范围之内伸缩，不能逸出范围也，知此者可与谈中国之政局。

中国今日政治上之实权果安在乎？主权者果何人乎？此读者所急欲闻也。总统也，内阁也，表面上有行政权，实际上无行政权也；参议院也，众议院也，表面上有立法权，实际上无立法权也；大理院也，高等审检厅也，地方审检厅也，表面上有司法权，实际上无司法权也。三权分立之说，在西洋各国为事实，在中国为具文；在西洋各国为维持国脉之本源，在中国为粉饰文明之器具，所谓“橘生江南为橘，生江北为枳”，在他国行之，而国富兵强人民安乐者，在我国行之，乃适得其反，东施效颦，只增其丑，沐猴而冠，有其躯壳，无其精神，中国今日之效法西洋近之矣。

然则今日中国政治上之实权果安在乎？主权者果何人乎？此读者所急欲闻也。或曰，财政竭蹶，司农仰屋，恃借债为生活，海关以外人为税务司，盐务聘外人为稽核，邮政任外人为局长，铁路聘外人为技师，主权剥落，莫此为甚。然此不过一部分耳，日本强国，亦常有外债，维新之初以至现在，时常聘用客卿，中国人才缺乏，远甚于日本，安得不借材异地，此在人驾驭之耳，安见其必有流弊也。或曰，藩属剪弃，日蹙百里，缘边缘江缘海各省区，列强已划定势力范围，均势所牵，将及腹地，用人行政之权，时常受人掣肘，此外如领事裁判制度不取消，中国司法权不完备，海关协定税则制度不取消，中国财政权不完备，此当今所深忧也，然而非其至也。中国政界，时常有一种潜势力，弥漫充塞于大气间，元首揆席虽知之而无如之何，且时常以补苴弥缝买其欢心为必要，否则诸事受其牵掣排斥反对，或不能安于位以去。以袁项城之英明狡悍，而当时总统府秘书长绰号大财神某公，犹有二总统之徽号，至于黎黄陂之忠厚，冯河间之圆滑，徐东海之温恭，其必不能与此等潜势力抗，而事事不得不仰其鼻息者，势使然也。黄陂当国时代，前长江巡阅使安徽督军复辟罪魁某公，绰号太上总统；靳内阁成立以后，某巡阅使某公，为靳揆之后见人，绰号太上总理，以此等人物，监督中央行政，元首揆席，事事受其牵掣，万机其何能理！呜呼，蛰龙入井，蝼蚁困人，老骥伏枥，驽骀见笑，今日中国之当局者似之矣。

中国今日动言裁减行政费，然而总统府各部院之顾问、谘议、行走、任事等额外职员，经济调查局之调查员，多者数百人，少亦数十人，将军府之上将军、将军、参军，陆军部之差遣、候差等之伴食官员，少亦数百人，多者至数千人，其每月薪水，自数十元数百元，以至千元不等，其位置最优者，待遇恒等于各部长官，问何以不急急裁撤，则前者豢养政客，后者豢养军人，政府方亟亟以买其欢心为必要，而何敢言裁撤也。裁兵之呼声，震动全国，友邦亦时常来忠告，政府亦既知之，亦既行之矣，然而裁者自裁，添者自添，势败者裁，势盛者添。一年以来，湖南张敬尧之败兵，湖北吴光新之溃兵，江西张宗昌之散兵，以及北方安福俱乐部所统率之近畿各师与边防军，亦既陆续裁撤矣，然而某某某巡阅使，某某督军所新招之兵，数目且与前者相等，截留常关税款、地丁税款、铁路收入，以供兵饷，致使中央财源枯竭，且时常派部下军人向中央索款，甚且每日在财政部坐候，偶有收入，不问其何自来，亦不问其有无急需，辄搜括以去，名曰守提。一人倡之，众人效之，于是财政部遂债台高筑，无自由分配之权力。政府惊愕骇怪，饮恨吞声，而无可如何也。

第二节　中国政治上二大潜势力

然则今日中国政治上之实权果安在乎？主权者果何人乎？此读者所急欲闻也。著者曰，今日能左右中国政局者有二大潜势力。其一为纯旧式之军人，割据土地，垄断政权，称王称帝，传之子孙。其所欣慕艳羡者，为魏武帝、晋宣帝、宋武帝、梁武帝等军人出身之英主；其所效法者，为汉末之守牧，唐末之藩镇，后五代十八国之君主；其部下多绿林豪杰，凡盐枭、棒客、蒙匪、胡匪，以及哥老会、大刀会、三点会等余孽，皆为其中坚人物；其所拳拳服膺之教科书，为《东周列国志》《三国演义》《隋唐演义》《残唐演义》《水浒传》《精忠传》等之小说。所谓“大碗酒、大块肉、分秤称金银、论套穿衣服”等思想，充塞于此等人物之脑海，遂演成今日晦盲否塞反复沉痼之天下。是为第一种潜势力。其二为半新式之政客，标榜主义，号召党羽，引诱同类，排斥异己，面上时现忧国之容，口中不乏哀时之语。聆其议论，人人皆稷契皋夔，察其行事，处处皆魑魅鬼蜮，把持国会，挑拨军人，挟制政府，盘据要津。政府偶有举措，非得其同意，一步不能行；欲得其同意，非金钱不为功。名节大防，扫地以尽，翻云覆雨，诡诈万端，朝为亲友，暮为仇雠，利同则合，势败则分，尽人皆机心，举国皆荆棘。遂使元首揆席，如触藩之羊，进退维谷；两姑之妇，左右为难。是为第二种潜势力。

此二种势力起于何时，以何因缘而发展，此读者所急欲闻也。著者曰，第一种潜势力，起于太平天国之乱，中央政府兵力脆弱，无力荡平。曾胡左李诸公，皆以一介书生，率数千农夫，驰逐数省，转战十年，及其成功，而湘军、淮军之势力遍天下，是为武人得政之始。民国初年，项城以武人当国，增加地方行政长官权。驻屯各省之将军，皆以统兵大员，兼理司法行政，于是地方政府之权逐渐巩固，酿成半独立之势。项城篡国，蔡松坡以云南兵讨之，贵州广西皆与为声援，及其成功，而地方政府之权再膨胀，渐成尾大不掉之势。黄陂在职，与合肥总理意见相左，徐州某大员出面调停，一再开督军会议于徐州，于天津，旋自引兵入京，酿成复辟之祸。合肥以近畿兵倒之，西南各省以护法为口实，与中央分离。安福俱乐部某首领，利用合肥为傀儡，树势力于西北。长江下游三督军，独树一帜，不肯附和，隐然有举足左右便有轻重之势。自此以后，各省区统兵大员，皆亟亟扩张个人势力，用人行政之权，一切不受中央政府节制；地方收入，皆截留本省，作养兵之费。中央政府为安福俱乐部所把持，亦亟亟借外债养兵，欲以武力统一南北。及直奉联兵倒安福俱乐部，于是中央用人行政之权，遂完全受地方监督矣。

第二种潜势力发生之时，与第一种相先后。太平天国失败以后，其余党分窜美洲、南洋，组织秘密结社，如大刀会、三点会等，以倒满洲政府为目的。是为会党之始。孙中山以原籍广东人，生长外国，先天上既有与满洲朝廷不相容之势，法越战役以后，乘民气愤懑，创立兴中会。留东学生黄兴等从而附和之，屡次起兵欲倒政府。是为革命党之始。甲午战役以后，清德宗锐意变法，登庸新进之士康有为、梁启超等，欲效法欧美，发愤自强。顽固大臣不平，奉文宗之妃当时已归政之西太后那拉氏为主，行クデター（Chup—d'état）之事，幽德宗于瀛台，杀参赞机务军机章京谭嗣同等六人。于是康有为亡英伦，梁启超走日本，组织报馆，刊行杂志，鼓吹立宪之事。留日、留欧、留美学生之大多数翕然和之。是为立宪党之始。民国成立以后，革命党合并若干小党为一大组合，定名国民党；立宪党亦合并若干小党为一大组合，改为进步党，于是中国政局，骤现出二大党对峙形势，而实权在项城手，两大政党皆无如之何。内部复意见纷歧，不能一致。第二次革命失败以后，国民党势力失坠。项城僭号之时，进步党内部亦瓦解，有黠者乘机而起，奉合肥相国为傀儡，引诱私党，盘据要津，隐握实权，是为安福俱乐部。及安福俱乐部既倒，政党无复大有势力者存在，于是以金钱结合之团体，奉大财神某公为首领，号称旧交通系者，乃操纵中央政权矣。

第三节　中国历史上之乱源与现在乱源之比较

以上所举，为武人与政党勃发之近因，至其远因，则胚胎于中国数千年历史，非一朝一夕所能酿成者也。由来中国为革命频繁之国，无论嬴秦、刘汉、李唐、赵宋、朱明，多或数百年，少则数十年或数年，必起内乱一次，甚或因之而易姓。其中原因复杂，不胜枚举，然综其最重要原因，不过数端。

一、人主昏暴，如夏桀、商纣、周厉王、幽王之类是也。或庸愚，如秦二世、西汉之成帝、哀帝、东汉之桓帝、灵帝、蜀汉后主、西晋惠帝、东晋孝武帝之类是也；或幼弱，如西汉平帝、东汉献帝、西晋愍帝、东晋恭帝之类是也。

二、女后擅权，如西汉高皇后吕氏、元皇后王氏、西晋惠皇后贾氏、唐高宗皇后武氏、中宗皇后韦氏、后唐庄宗皇后刘氏之类是也。

三、女宠，如夏桀之妹喜、商纣之妲已、周幽王之褒姒、南齐东昏侯之潘贵妃、陈后主之张丽华、唐玄宗之杨太真之类是也。

四、宦官，如秦二世之赵高、汉灵帝之十常侍、蜀汉后主之黄皓、唐玄宗之杨思勗、高力士、明熹宗之魏忠贤之类是也。

五、外戚，如西汉之王莽、东汉之窦宪、梁冀之类是也。

六、权臣，如东汉之曹操、魏之司马懿、东晋之桓温、刘裕之类是也。

七、朋党，如东汉末之钩党、唐之牛李党之类是也。

八、藩镇，如东周之七雄、西汉初年之七国、东汉末年之守牧、有唐中叶以后河北诸镇节度使之类是也。

九、乱民，如秦末之陈胜、吴广，西汉末之绿林、赤眉、铜马，东汉末之黄巾等类是也。

十、外国，如西晋之匈奴，宋之女真、蒙古，明之满洲之类是也。

现在既为共和政体，大总统由国会投票公选，当然比较上系政界优秀分子，第一种乱源消灭，总统既由民选，且系五年一任，期满改选，凭藉总统势力，窃弄政柄，当然事实上做不到，第二、第三、第四、第五种乱源亦同时消灭。民国有僭主，无权臣，项城专国时代，颇具操莽资格，及项城既倒，则第六种乱源亦消灭，所余者仅第七、第八、第九、第十，四种乱源而已。第九种之乱民，如关东之胡匪、内蒙之蒙匪、河南之白狼、江北之盐枭，以及各省之土匪溃兵等，皆奉军人为主，或与军人暗通消息，或藉军籍为逋逃薮，或恃统兵大员为护身符，只能目为藩镇之附属品，不能认为独立乱源之一也。第十种之外国，差足以压迫我矣。然当今之世，各国竞争之动机，恒以生计为主动，列强所以耽耽垂涎于我者，其最大之愿望，乃在利用此广漠沃衍之野，以为其资本及制造品之尾闾，而欲求得生计上之特权，则惟在我国主权之下，取携最便。使我国土地之全部分或一部分忽然易主，无论主之者为何国，而皆为第三国之大不利，故毋宁保持其现状，以为经济上发展之地。如谓数国协力以亡我耶，则谁肯首先发难？如谓一国独立以亡我耶，则何国有此实力？况欧战以后，欧洲各大国中，俄已瓦解，奥已瓜分，德亦削弱，若英、若法、若意，虽名为战胜国，实则久已精疲力竭，自保不暇，焉能谋人？美国为新世界大国，国富甲于全球，向来持持盈保泰主义，对于我国，时常好行其德，不含侵略主义；日本与我比邻，虎视东方，有卧榻之侧不容他人鼾睡之势，然此等主张，只限于一部分侵略派之军人，不能代表国民全体。其顾全大局之政治家、教育家、实业家，对于我国之不自振作，时常含提撕警觉之意，时常怀唇亡齿寒之忧，若曰利我之速亡，未见其有此心理也。然则现在我国致乱之原因何在？曰现在致乱之原因只有二种，一为党派，一为军人。

谓中国政党为不足恃乎，前清、民国之兴亡，实政党左右之也；谓中国政党为足恃乎，何以欧美各国以有政党兴，吾国以有政党衰也？噫！吾知之矣，欧美各国政党，皆以国家为前提，有利于国家者，则牺牲党见以殉之；我国政党，以党纲为前提，有利于己党者，则宁牺牲国家以殉之。此其所以异也。

谓中国军人为不足恃乎，则创立民国之元勋如黎黄陂等，恢复民国之元勋如蔡松坡等，皆军人也；谓中国军人为足恃乎，则帝制罪魁之袁项城，复辟罪魁之张勋，安福俱乐部党魁之徐树铮等，亦军人也。前者以国家为前提，故功成身退，国家蒙其福，而己身亦享其名；后者以己身或己身之目的物为前提，故国家蒙其殃，而自己亦身败名裂也。

然则中国政党曷为有弊而无利，曰：中国自古为专制政体，专制政体之下，无政党发生之余地。其有类乎政党者，则东汉末年之钩党，有唐中叶以后之牛李党，唐末之清流党，北宋之元祐党、熙丰党，南宋之伪学党，明末之东林党、阉党，皆敌党加以党之名，自己并不承认为政党也。此外虽非政党，而有类乎党者，尚有数种。

一曰门户之见。党同伐异，是丹非黄，抱一学说为正鹄，而排斥以外之学说。此种见解，创始于春秋战国之际，盛行于两汉两宋之时，历明及清，至今犹盛，所谓某某学派者是也。

二曰门第之见。阶级制度，春秋时盛行，至战国末年而全废，三国六朝时代复盛，有所谓“上品无寒门、下品无士族”者，沿至初唐，犹未革除。现在则绝无此种思想也。

三曰方舆之见。南人詈北，楚人斥齐，以个人乡土为本位，而排斥乡土以外之人物、或政见、及学说。此种见解，创始于春秋战国时代，盛行于两晋南北朝时代，历宋元明清，于今为烈，所谓省界及南北界限，皆此种谬想之表示也。

藩镇二字，亦为中国不祥之物。溯其起源，实始于上古之时。黄帝以前部落时代，酋长之多不知纪极，是为最古藩镇之始。周初，由部落而变为封建，藩镇之数减少。春秋战国时代，由一百六十三国而变为七雄，藩镇之数益减少。秦并六国，废封建，置郡县，藩镇绝迹。汉初，复大封诸侯，于是有前七国后七国之乱。后七国之乱平，藩镇复绝迹。至东汉末年，州牧郡守，据地自擅，于是变形之藩镇复出现。晋初，复大行封建，于是有八王之乱。南北朝时代，多以皇子诸王为都督刺史，于是叛乱者史不绝书。有唐中叶以后，山东河北诸节度使皆据地自擅，诸镇效尤，延至唐末，举中国全国皆藩镇，无复中央政府发展之余地。后五代之君主，皆起家诸侯，致位皇帝，藩镇之祸，于斯为烈矣。有宋以后，地方政府之权大衰，至明初清初，藩镇之祸复出现，然阅时未久，旋即终止，不至如现在之剧烈也。

著者不敏，窃愿以课余之暇，从事研究，追溯我国历史上之乱源，胪列过去之事迹，与现在及未来相对照，作成“中国历代党争史”“中国历代藩镇史”各一编，以供研究时局者之参考。其中错误及遗漏之点，想当不少，著者固未尝满意；大雅君子，有以匡我之不逮，幸甚。

本编先叙党争事迹，下编再叙藩镇事迹。

民国十年即西历纪元一九二一年四月二十五日

王桐龄自序于日本东京帝国大学图书馆

目 录

第一章 先秦学派之竞争

第一节 南北思想之冲突 / 1

第二节 东西思想之结合 法学家与儒学家之冲突 / 3

第三节 儒学之统一及其派别 / 4

第二章 汉末钩党之狱

第一节 钩党之狱成立之原因 / 7

第二节 东汉宦官之恣横 / 9

第三节 东汉中叶以后之士风 / 11

第四节 第一次钩党之狱 / 16

第五节 第二次钩党之狱 / 17

第六节 党狱之余波及其结果 / 18

第三章 两晋南北朝时代门第之见与方舆之见

第一节 古代门第之见之面影 / 20

第二节　两晋南北朝时代门第之见 / 21
第三节　两晋南北朝时代方舆之见 / 22

第四章　有唐中叶以后牛李党之倾轧

第一节　牛李党成立之原因 / 25
第二节　牛李结怨之始 / 26
第三节　牛党得意时代 / 27
第四节　李训、郑注专政时代 甘露之变 / 32
第五节　郑覃、陈夷行、杨嗣复、李珏倾轧时代 / 34
第六节　李卫公当国时代 / 34
第七节　两党党魁之末路 / 38

第五章　北宋中叶以后新旧党之竞争

第一节　北宋党祸成立之原因 / 40
第二节　郭后之废与范吕之争 / 41
第三节　庆历党议 / 42
第四节　濮议 / 44
第五节　神宗变法之动机 / 45
第六节　新党内阁之成立 陈升之、王安石内阁 王珪、蔡确内阁 / 47
第七节　旧党内阁之成立 新法之废止 新党之左迁 司马光、吕公著内阁 吕大防、范纯仁内阁 / 50
第八节　旧党之内讧 / 52
第九节　新党之复活及其报复 旧党之贬窜 孟后之废 章惇内阁 / 53
第十节　混合内阁之成立 新党之左迁 孟后之复位 韩忠彦、曾布内阁 / 56
第十一节　变态新党之出现 党人碑之设立 孟后之复废 蔡京内阁 / 56

第六章　北宋末年之和战论

第一节　北宋对金和战不定之原因 / 59

第二节　恢复燕云问题 / 59

第三节　李纲、种师道进退问题 / 61

第七章　南宋初年之和战论

第一节　南宋初年和战不定之原因 / 68

第二节　李纲、黄潜善、汪伯彦去留问题 / 69

第三节　赵鼎、张浚、秦桧进退问题 / 72

第四节　岳飞之狱 / 78

第五节　李孟坚之狱、王之奇之狱与赵汾之狱 / 80

第八章　南宋中年伪学之禁

第一节　伪学之禁之由来 / 83

第二节　伪学之禁以前王学派与程学派之倾轧 / 84

第三节　伪学之禁之始末 / 85

第四节　伪学之禁之取消 / 90

第九章　明末东林党之祸

第一节　东林党祸成立之原因 / 91

第二节　明代宦官之专横 / 92

第三节　明代士风之矫激 / 96

第四节　东林党之成立及其对他党之倾轧 / 104

第五节　三案之争论 / 106

第六节　东林党与魏忠贤之冲突 / 108

第七节　党祸之结果 / 110

第八节　党祸之余波 / 111

第十章 清末帝后党之争

第一节 戊戌政变之原因 / 112

第二节 德宗变法之动机 / 113

第三节 德宗变法之成绩 / 114

第四节 新政之推翻与新党之逮捕 / 116

第五节 戊戌政变之结果 / 118

结 论 / 120

第一章
先秦学派之竞争

第一节　南北思想之冲突

凡人群第一期之进化，必依河流而起。中国有黄河、扬子江两大河流，其位置、性质各殊，故各自有其本来之文明，为独立发达之观，虽屡相调和混合，而其差别自不可掩。凡百皆然，而学术思想其一端也。北地苦寒垅瘠，谋生不易，其民族销磨精神日力，以奔走衣食，维持社会，犹恐不给，无余裕以驰骛于玄妙之哲理，故其学术思想，常务实际，切人事，贵力行，重经验，而修身、齐家、治国、平天下之学说最发达。重家族，以族长为政治之本；敬老年，尊先祖，因而崇古之念重，保守之情深，排外之力强；则古昔，称先王，内其国，外夷狄，重礼文，系亲爱，守法律，畏天命。此北学之精神也。南方气候和暖，物产丰饶，谋生容易，其民族不必惟一身一家之饱暖是忧，故常达观于世界以外，始而轻世，既而玩世，终而厌世，不屑屑于实际，故不重礼法，不拘拘于经验，故不崇先王。又其发达较迟，中原之人常鄙夷之，谓为蛮野，故其对于北方学派，有吐弃之意，有破坏之心。探玄理，出世界，齐物我，平阶级，轻私爱，厌繁文，明自然，顺本性。此南学之精神也。今将两派之学术思想对照比较，列表于左，以供参考。

甲、北派	乙、南派
崇实际	崇虚想
主力行　主动	主无为　主静

贵人事		贵出世	
明政法		明哲理	
重阶级	《中庸》曰亲亲之杀，尊贤之等，礼所生也	重平等	如《庄子·齐物论》许行并耕说等皆是
重经验		重创造	
喜保守	孔子曰非先王法服不敢服，非先王法行不敢行	喜破坏	老子曰绝圣弃智，民利百倍；绝仁弃义，民复孝慈
主勉强	《书》曰节性，惟日其迈；孔子曰克己复礼为仁。节者、克者，勉强之义也	明自然	自然者，顺性也。《庄子》山木之喻、混沌窍之喻皆其义也
畏天	孔子曰畏天命	任天	老子曰天地不仁，以万物为刍狗
排外		无我	
贵自强		贵谦弱	

《中庸》曰："宽柔以教，不报无道，南方之强也。""衽金革，死而不厌，北方之强也。"《孟子》曰："陈良，楚产也，悦周公、仲尼之道，北学于中国。北方之学者，未能或之先也。"是言南北之异点彰明较著者也。北派之魁，厥惟孔子；南派之魁，厥惟老子。孔学之见排于南，犹老学之见排于北也。孔子在鲁卫齐之间，所至皆受崇拜。乃至宋，则桓魋谋杀之。至陈蔡，则国人发兵围之。宋陈蔡皆邻于南也。至楚，则接舆歌以讽之，丈人揄揶之，长沮、桀溺目笑之，无所往而不阻焉。皆由学派之性质不同故也。北方多忧世勤劳之士，孔席不暇暖，墨突不得黔，栖栖者终其身焉；南方则多弃世高蹈之徒，接舆、沮溺、丈人，皆汲老庄之流者也，此民族之异性使然也。

孔老争雄南北，而起于其间者有墨子焉。墨亦北派也，顾北而稍近于南。墨子生于宋，宋，南北要冲也，故其学于南北各有所采，而自成一家言。其务实际，贵力行，实原本于北派之真精神，而其刻苦也过之。但多言天鬼，颇及他界，始创名学，渐阐哲理，力主兼爱，首倡平等，盖亦被南学之影响焉。

杨朱，老学之嫡传也。杨氏之为我主义、纵乐主义，实皆起于厌世观。《列子·杨朱篇》引其学说曰："世事苦乐，古犹今也；变易治乱，古犹今也。既闻之矣，既见之矣，既更之矣，百年犹厌其多，而况久生之苦也乎？"又曰："生则尧舜，死则腐骨；生则桀纣，死则腐骨。腐骨一矣，孰知其异？"盖其厌世之极，任自然之极，乃觉除为我主义、纵乐主义以外，更无所事事。故北学之有墨，南学之有杨，皆走于两极端，而处于正反对之地位者也。

以上所举，为后世门户之见、方舆之见所由来，流传至今，犹为政界、学界最重要之纷争扰攘一原素。所谓东西洋学派之倾轧，南北省界之区别者，即此种思想之变相也。

第二节　东西思想之结合 法学家与儒学家之冲突

孔老争雄于南北时代，法学家亦勃兴于齐。齐，海国也，故于其间产出两种观念焉。一曰国家观，二曰世界观，国家观衍为法家，世界观衍为阴阳家。法家之鼻祖为管仲，相齐桓公，藉官山府海之利，取威定霸于中原，锐意整顿内治，使成一“法治国”之模型。《管子》一书，实国家思想最深切著明者也。战国时代，卫鞅祖述其说以相秦。秦，汉族先宅之地，而三皇所迭居，控山谷之险，而民族强悍，故国家主义亦最易发达。诸侯游士，辐辏走集，秦一一揖而入之。故其时西方之学术思想发达，有凌驾东西南北之势。鞅死后，韩非复祖述其说，以山东功利主义与荆楚道术主义合为一流；李斯复以儒术缘附之，于是东西思想结合为一。是为战国末年形势。

已而秦并天下，以斯为左丞相。始皇帝三十四年，博士淳于越请封子弟功臣为藩辅。诏下其议，斯上书言：“五帝不相复，三代不相袭。今陛下创大业、建万世之功，固非愚儒所知，且越言乃三代之事，何足法也？今诸生不师今而学古，以非当世，惑乱黔首。人闻令下，则各以其学议之，入则心非，出则巷议。如此弗禁，则主势降乎上，党与成乎下。臣请史官非秦记皆烧之。非博士官所职，天下有藏诗书百家语者，皆诣守尉杂烧之。有敢偶语诗书者弃市。以古非今者族。吏见知不举与同罪。令下三十日不烧，黥为城旦。”制曰：“可。”次年侯生、卢生相与讥议始皇，因亡去。始皇大怒，使御史悉案问诸生。诸生转相告引，自除犯禁者四百六十余人，皆坑之咸阳。是为焚书坑儒之案。

第三节　儒学之统一及其派别

泰西之政治，常随学术思想为转移；中国之学术思想，常随政治为转移。是故政界各国并立，则学界亦各派并立；政界共主一统，则学界亦宗师一统。当战国之末，虽有标新领异、如火如荼之学派，不数十年，摧灭以尽。巍然独存者，惟一儒学。而学术思想进步之迹，亦自兹凝滞矣。兹述其事迹如左。

一、儒学之推行　先是孔子既没，七十子之徒，散游诸侯。子夏居西河，魏文侯从之受经，继以段干木、田子方，皆居宾师之位。于是儒教始大于西河。文侯初置博士官，是为以国力推行儒学之始。秦始皇帝得天下，焚书坑儒，民间之书、百家之语皆尽，而令民间有欲学者，以吏为师。所谓吏者，即博士也。秦承魏制，置博士官。汉儒叔孙通、张仓、伏生，史称其皆故秦博士。然则始皇在位时代，固未尝不以国力推行儒学也。汉高帝初起兵，最恶儒生。郦食其、叔孙通、陆贾等，深自贬抑，包羞忍垢以从之。及天下既定，诸将争夺喧哗，引为深患。叔孙通乃缘附古义，为草朝仪，导之使知皇帝之贵。陆贾献《新语》，益知马上之不可以治天下。于是过鲁以太牢祀孔子，喟然兴学。自是以后，儒学复见重于世。

二、儒学家与墨学家、老学家、法学家势力之消长　是时墨学家中，游侠一派独盛，朱家、郭解之流，为一时士大夫所崇拜。太史公曰："儒以文乱法，而侠以武犯禁。"儒谓孔也，侠谓墨也。盖孔墨两派，在当时社会，势力殆相等焉。而道家者流，在政界中亦有相当势力。高帝时代，曹参为齐悼惠王相，召诸儒百数，问安集百姓之道，言人人殊，莫知所从。闻胶西有盖公者，善黄老言，请见之。盖公为言"治道贵清静则民自定"。参乃避正堂以舍之，用其言，齐国安集，称贤相焉。景帝之时，太后窦氏好黄老家言，帝及诸窦，不得不读《老子》，尊其术。老徒黄生与儒徒辕固生，尝辨难于帝前。太后怒，使辕固生入圈刺豕，欲杀之。盖道家有君相在上提倡保护，儒教不能与之争也。景帝时，法学家晁错为御史大夫，权倾九卿，法令多所更定。武帝即位，任用桑弘羊等，欲行李悝、商鞅之术，以治天下。故儒法并立于朝廷，而时相水火。盖当西汉初年，墨学家、老学家、法学家在政治上及社会上各具有相当势力，儒学尚未能统一思想界也。

三、儒教之确定　武帝之初即位也，诏举贤良方正直言极谏之士。广川董仲舒对策，请表章六艺，罢黜百家。凡非在六艺之科者，绝勿进。诏从之，以仲舒为江都相。寻以窦婴为丞相，田蚡为太尉，赵绾为御史大夫，王臧为郎中令，皆推崇儒术。将迎老儒申公于鲁，设明堂，制礼作乐，文致太平。太皇太后窦氏不悦，求得绾、臧过以让帝，下绾、臧吏，罢婴、蚡官，于是儒教又受挫折。越四年建元六年太后崩，田蚡复为丞相，从董仲舒言，初令郡国举孝廉各一人。自此以后，兴学校，置博士，设明经射策之科。公孙弘以缘饰经术，起家布衣，封侯拜相。儒学之尊严，回绝百流。二千年来国教之局，于以大定矣。

四、儒学者之派别　竞争之例，与天演相终始。外竞既绝，内竞斯起，于政治有然，于学术亦有然。《韩非子·显学篇》云："自孔子之死也，有子张之儒，有子思之儒，有颜氏之儒，有孟氏之儒，有漆雕氏之儒，有仲梁氏之儒，有孙氏之儒，有乐正氏之儒……故孔墨之后，儒分为八，墨离为三。"顾汉代儒学虽盛，而所谓八儒者，则渺不可睹。综其大别，可分两种。

（一）说经之儒　在昔书籍流布不易，故欲学者皆凭口说，非师师相传，其学无由，故家法最重焉。其中大略可分为四种。

甲、口说家　专务抱残守缺，传与其人，家法谨严，发明颇少。如田何、丁宽、易伏生、欧阳生、今文尚书申公、鲁诗穀梁传辕固生、齐诗胡毋生、公羊传江翁、穀梁传高堂生、仪礼等其人也。

乙、经世家　衍经术以言政治，所谓以禹贡行水，以洪范察变，以《春秋》折狱，以三百五篇当谏书。如贾谊、董仲舒、龚胜、萧望之、匡衡、刘向等其人也。

丙、灾异家　孔子小康之义，势不得不以一国之权，托之君主，而又恐君主之权无限，而暴君益乘以为虐也，于是乎思所以制之。乃于《春秋》特著以元统天、以天统君之义，而群经亦往往三致意焉。江都最知此义，故其对天人策亦三致意焉。汉初，大儒之言灾异，大率宗此恉也。及于末流，寖乖本义，牵合附会，自惑惑人。如《书》则有洪范五行，《礼》则有明堂阴阳，《易》则有京房之象数灾异，《诗》则有翼奉之五际六情，至于《春秋》，又益甚焉。驯至谶纬之学，支离妄诞，不可穷诘，骎骎竞起，以夺孔席，则两汉学者之罪也。

丁、训诂家　汉初大儒之传经也，循其大体，玩经文，不为章句训诂，举大义而已，故读一经通一经之义，明一义得一义之用。自王莽专政，提倡校勘诂释之学，逮东都之末，则贾逵马融之徒，益覃心于笺注，以破碎繁难相夸尚，于是学风一变。

论两汉经学学派，最当注意者，今古文之争是也。今文传自西汉之初，所谓十四博士，列于学官者是也；古文兴于西汉之末，新莽篡国，刘歆校书时所晚出者也。今文虽不足以尽孔学，然犹不失为孔学一支流。古文则经莽、歆之改窜附会，其与孔子之意相背驰者多矣。

（二）著书之儒　今所传汉代著述，除经注词赋外，其稍成一家言者，有若陆贾之《新语》、贾谊之《新书》、董仲舒之《春秋繁露》、司马迁之《史记》、淮南王安之《淮南子》、桓宽之《盐铁论》、刘向之《说苑》《新序》、扬雄之《法言》《太玄》、王充之《论衡》、王符之《潜夫论》、仲长统之《昌言》、许慎之《说文解字》等，四百年中，寥寥数子而已。除《淮南子》外，皆儒家言也。《春秋繁露》虽以说经为主，然其究天人相与之故，衍微言大义之传，实可为西汉学统之代表。《史记》千古之绝作也，其寄意深远，其托义皆有所独见。其于孔子之学，独得力于《春秋》。又生于龙门，而足迹遍海内，于东西南北学派之精华，皆能咀嚼而融化之。又世在史官，承古代种种旧思想，悉消纳于一百三十篇之中。虽谓太史公为上古学术思想之集大成可也。此外若《说文》不过字书，《盐铁论》专纪一议案，《新说》真赝未定，《新书》割缀所成，俱未足以概作者之学识。刘中垒粹然醇儒，然为当时阴阳五行说所困，不能自拔。《说苑》陈义至浅，殆无足云；扬子云曲学阿世，著《太玄》以拟《易》，著《法言》以拟《论语》，是足以代表当时学者乏创作力，而惟存模拟性；王仲任颇思为穷理察变之学，然学识不足以副之，摭其小而遗其大。《潜夫论》及《昌言》，虽文辞斐然，然止于政论，指摘当时末流之弊而已。若是乎两汉著述者虽多，其能为学界放一光明者，惟江都龙门二子而已。

第二章
汉末钩党之狱

第一节　钩党之狱成立之原因

一、外戚宦官之乱政　自来封建之世，权在贵族；专制之世，权在君主；共和之世，权在国民。封建时代，君相位置皆定于有生以前，大臣与国家共休戚。当主少国疑之际，举国家大政，委之相臣，而强臣不至生觊觎之心，小民无或有动摇之虑。专制之世，起家平民，可为宰相。宰相位置，非贵族专有品；辅政大臣，与皇室无血统关系，当主少国疑之际，不能不听命于母后。中国男女界限綦严，母后临朝，不能直接与廷臣接触，凡百庶政，不能不假手己之亲戚及左右侍奉之人，于是外戚宦官，势力遂潜滋暗长。中国从来为贵族政体，自唐虞至三代，有大臣摄政，无母后临朝。若尧末年之舜，舜末年之禹，太甲初年之伊尹，成王初年之周公，皆以宰相代总万机，廷臣习见，不以为怪。秦汉以后，专制政体进化，贵族权力渐微，母后临朝之风，始成为历代习惯法。外戚宦官势力遂潜滋暗长，其势足以左右全国政令，其祸遂与专制政体相终始。盖履霜坚冰，其所由来者渐矣。西汉外戚之祸，始于吕后，成于成帝。及其末年，王莽遂篡夺汉室。光武即位以后，鉴于前车之覆，极力抑压外戚；明帝继之。及章帝时，方针始变。于是外戚马氏逐渐用事。和帝之时，外戚窦宪专政，将谋大逆。帝与宦官郑众密谋诛之。于是宦官用事。自此以后，诸帝多不永年，诸侯入继大统者五君，太后临朝称制者六后。外戚宦官，更迭用事，利立幼君以固其权。因之海内志士，抗愤于外，朝政日非，清议日峻。由是邪正之冲突起，酿成钩党之狱，在朝在野人望，一网打尽。是为钩党之狱第一原因，外戚、宦官均与有罪焉者也。

二、外戚与清流之结合及其对宦官之冲突　自来稷鼠不攻，城狐不灼，愈接近宫闱者，其势力愈不可侮。以清流与外戚较，则外戚与宫闱接近；以外戚与宦官较，则宦官与宫闱尤接近。是故外戚与清流冲突，常居优胜地位，与宦官冲突，反居劣败地位。东汉初年，政在君主。中叶以后，政权移于外戚。末年复移于宦官。其胜败所由来，非有特别原因，势使然也。

东汉自章帝崩后，和帝、殇帝、安帝、北乡侯、顺帝、冲帝、质帝、桓帝皆以冲龄践祚，章德窦后、和熹邓后、安思阎后、顺烈梁后相继临朝。窦宪、邓骘、耿宝、阎显、梁商、梁冀皆以大将军或车骑将军辅政，权力陵轹宰相，势不能不起冲突。邓骘贤者，犹与司空周章、袁敞等不协。此外若窦宪之对于太尉郑弘，耿宝之对于太尉杨震，梁冀之对于太尉李固、杜乔，其冰炭不相容者，固势所不得不尔也。郑弘、杨震、李固、杜乔之徒，皆起家书生，出为贤相，清风亮节，为一世所钦仰，而皆不得令终。外戚势力之伟大可想。然而千人所指，无病自死，势力愈伟大者，其得罪于人民者愈甚，其欲得而甘心者亦愈多，天乃假手于猝不及防之他人，以削其气焰。窦宪之死，假手于郑众；邓骘之死，假手于李闰、江京；阎显之死，假手于孙程；梁冀之死，假手于单超、徐璜、具瑗、唐衡、左悺。以炙手可热、气焰熏天之外戚，举朝大臣所无可如何者，一宦竖诛之而有余，则宦官潜势力之伟大更可知矣。顾君子得志常自谦，小人得志常自满。自谦者，能下人；自满者，恒凌人。能下人者，多恺悌慈祥；恒凌人者，多暴虐恣横。是故小人不可以有权力，有权力，必滥用之；小人不可以立大功，立大功则国家将来无以报酬之也。东汉中叶以后之君主，既假宦官之手以诛外戚，势不能不假以权力。郑众、孙程、单超之徒，皆致位公卿，与闻国政。政柄渐入于宦官之手，其暴虐恣横，反甚于外戚。士君子不忍见朝政之日非，国是之日坏，乃与外戚之贤者结合，并力以排宦官。窦武、何进两次失败，宦官乃假钩党为名，大杀异己者。是为钩党之狱第二原因，宦官之罪浮于外戚者也。

三、李杜诸贤之操切　自来儒者出处之道，合则留，不合则去。孔子曰：“危邦不入，乱邦不居。天下有道则见，无道则隐。”又曰：“不在其位，不谋其政。”又曰：“邦有道，危言危行。邦无道，危行言孙。”孟子曰：“可以仕则仕，可以止则止，可以久则久，可以速则速。”盖叔季之世，大局已无可为，留此有用之身，犹可为全国社会，维持道德命脉于一线。为己身计，为国家计，为社会计，势固不得不尔也。东汉李杜诸贤，昧于斯义，热心国事，盲进不已。及其废黜，犹不自韬晦，以为全身远害计，反广通声气，批评朝政，有结党之嫌，有诽谤之迹，终以莫须有之狱，为宦官所歼戮。虽桓灵昏庸、宦官狡狠，有以致之乎，抑亦诸贤所自取也。诸贤逝后，汉室凋零，宦官弄权，朝政紊乱，国事破坏，不堪闻问。黄巾贼起，草寇弄兵；董卓入朝，大盗窃国；州牧郡守，各据地自王，攻城略地。战争相循，小民疲于兵革。曹操乘隙，勃起山东，剪锄群雄，统一黄河流域，中国内地一时小康。然而政柄下移，奸雄窃国，大好河山，已非复刘氏所有矣。郭泰有言：“诗云，人之云亡，邦国殄瘁。汉室灭矣，但未知瞻乌爰止，于谁之屋耳。”盖善人为国家元气，元气伤则国削，元气尽则国亡。汉室末运，实党人之狱，有以促成之。诸贤牺牲一身，为孤注一掷之举，为个人名誉计则得矣，为国家及社会前途计则未也。《中庸》有言，“君子依乎中庸，遁世不见知而不悔，唯圣者能之”。盖儒者之道，宽以待人，静以持己，操切手段与暴烈举动，不能成事，反足以害事。君子所不取。《春秋》之义，责备贤者，论史者安敢为李杜诸贤讳也。是为钩党之狱第三原因，李杜诸贤与有过焉者也。

第二节 东汉宦官之恣横

初，大将军窦宪之伏诛也，郑众以功拜大长秋。和帝策勋班赏，众每辞多受少，帝由是贤之，常与之议论政事。后封鄛乡侯，是为宦官封侯与政之始。和帝崩后，殇帝、安帝相继以冲龄践祚，太后邓氏临朝。众与宦官蔡伦皆用事，司空周章数进直言，太后不能用。其后安帝亲政，宦官江京、李闰有宠，皆封侯，与中常侍樊丰、黄门令刘安、钩盾令陈达同用事。太尉杨震，关西名儒，鲠直有大节，数上书谏诤，上不能用。丰等惧，合谋谮震于帝，免其官，震自杀，复谗太子保，废为济阴王。安帝在位十九年，凡亲政五载而崩。皇后阎氏与其兄显，迎立章帝之孙、济北惠王寿之子、北乡侯懿为帝。是年十月，懿薨，显白太后，秘不发丧，更征诸王子，闭宫门，屯兵自守。中黄门孙程与其党王康、王国等，谋立济阴王保。是年十一月，夜入省门，执江京、刘安、陈达等，斩之，迎保入即位，是为顺帝。收显党，皆杀之，封程等十九人为列侯，听以养子袭爵。是为中官爵位世袭之始。梁冀之伏诛也，中常侍单超、徐璜，黄门令具瑗、小黄门史唐衡、左悺皆以功封列侯，世称为五侯。以超为车骑将军，辅政。五侯皆贪纵，倾动内外。白马县名，属东郡故城，在今河南河北道滑县治南令李云上书力谏。桓帝怒，逮云下狱。弘农掾杜众伤云以忠谏获罪，上书愿与云同死。帝愈怒，并逮下狱，皆杀之。大鸿胪陈蕃、太常杨秉皆以疏救云得罪，免官。延熹三年，超卒，赐东园秘器、棺中玉具。及葬，发五营骑士将作大匠起冢茔。其后四侯转横，天下为之语曰："左回天，具独坐，徐卧虎，唐两堕。"皆竞起第宅，以华侈相尚，兄弟姻戚，宰州临郡，辜较百姓，与盗无异，虐遍天下，民不堪命，故多为盗贼焉。中常侍侯览、小黄门段珪皆有田业，近济北界，仆从宾客，劫掠行旅。济北相滕延一切收捕，杀数十人，陈尸路衢。览、珪以事诉帝，延坐征诣廷尉，免官。左悺兄胜为河东太守，皮氏长京兆赵岐耻之，即日弃官西归；唐衡兄玹为京兆尹，收岐家属宗亲，陷以重法，尽杀之。岐逃难四方，匿姓名，卖饼北海市中。安丘今山东胶东道安邱县孙嵩见而异之，载与俱归，藏于复壁中。及诸唐死，遇赦，乃敢出。中郎将皇甫规征西羌，有功当封，徐璜、左悺从规求货，不答，璜等诬以罪下吏，论输左校。延熹八年，太尉杨秉、司空周景上言："内外吏职，多非其人。旧典，中臣子弟不得居位，请皆斥罢。"上从之。于是秉条奏牧守以下五十余人，或死或免，天下肃然。侯览兄参为益州刺史，残暴贪婪，累赃亿计。秉奏槛车征参，参于道自杀，阅其辎重三百余辆，皆金银缯帛。秉因劾奏览。帝不得已，免览官。司隶校尉韩缜因奏左悺及其兄太仆称罪恶，皆自杀。又奏具瑗兄沛相恭赃罪。征诣廷尉，贬瑗为都乡侯。单超、徐璜、唐衡，袭封者并降为乡侯，子弟分封者悉夺爵土。宦官之势稍绌。

宛陵羊元群罢北海郡，赃污狼藉，郡舍溷轩有奇巧，亦载之以归。河南尹李膺表按其罪，元群行赂宦官，膺竟反坐。单超弟迁为山阳太守，以罪系狱。廷尉冯绲考致其死，中官飞章诬绲以罪。中常侍苏康、管霸，固天下良田美业，州郡不敢诘。大司农刘祐移书所在，依科品没入之。帝大怒，与膺、绲俱输作左校。是年，太尉杨秉薨，以陈蕃代之。蕃数言李膺、冯绲、刘祐之枉，请加原宥。上不听。司隶校尉应奉复上书申理，上乃悉免其刑。久之，复拜膺司隶校尉。时小黄门张让弟朔为野王令，贪残无道，畏膺威严，逃还京，匿于兄家合柱中。膺知其状，率吏卒破柱取朔，付洛阳狱，受辞毕，即杀之。让诉冤于帝，帝召膺，诘以不先请便加诛之意。对曰："昔仲尼为鲁司寇，七日而诛少正卯。今臣到官已积一旬，私惧以稽留为愆，不意获速疾之罪。诚自知衅责，死不旋踵，特乞留五日，克殄元恶，退就鼎镬，始生之愿也。"帝顾谓让曰："此汝弟之罪，司隶何愆？"乃遣出。自此诸黄门常侍，皆鞠躬屏气，休沐不敢出宫省。帝怪问其故，并扣头泣曰："畏李校尉。"时朝廷日乱，纲纪颓废，而膺独持风裁，以声名自高。士有被其容接者，名为登龙门。于是宦官深嫉膺，有不两立之势矣。

第三节　东汉中叶以后之士风

是时儒学统一中国已久，专经之士甚多。自光武时，创立太学，明章继之。学校之盛，迈乎三代。安帝薄于艺文，博士不复讲习，朋徒怠散，学舍颓敝。顺帝永建六年，将作大匠翟酺上疏，请更修缮，从之。复起太学，凡造二百四十房，一千八百五十室，收容博士子弟三万人，其中西域诸国留学生不少。同时私塾异常发达，河南、汝南、南阳等郡最盛，学生人数最多者，往往在万人以上。所用之教科书，概为五经《论语》，大学之中，设专门博士，研究经学。研究之人愈多，训诂学愈发达，学说亦愈复杂，门户之争渐起，排斥异说，固守师传。顾其所研究者，纯为文字上之解释，对于儒教哲理，尚未暇顾及也。

同时孝廉选举之制盛行。每二十万人以上之区，每年选出孝廉一名，不足二十万人之区，每二年选出一名。是时人口最多之郡为南阳，每年选出十二名；次为汝南，每年选出十名。故东汉人才，以汝南、南阳二郡为最盛。其选举方法，注重实行，每年由本地地方官择尤保荐，以备政府任用。不由孝廉出身者，不得厕身政界。故士子争砥砺实行，以求当选。注重实行太过，往往不问学问何若，已当选之孝廉，学问空虚者有之，政治上之经验全无者有之，时或不能致用。顺帝之世，用尚书令左雄议，令郡国举孝廉，限年四十岁以上。诸生通章句，文吏能笺奏，乃得应选。其有茂才异行，得以不拘年齿。是为孝廉限年课试法之始。于是诸郡守皆坐谬举免黜，唯汝南陈蕃、颍川李膺、下邳陈球等三十余人，得拜郎中。自是牧守畏栗，莫敢轻举，察选清平，多得其人。后复用尚书令黄琼议，增孝悌及能从政者为四科，得人愈盛。

儒学本有名教之目，故砥砺廉隅，崇尚名节，以是为一切公德私德之本。孝武表章经义，师儒虽盛，而斯义未昌，故新莽居摄，颂德献符者遍天下。光武有鉴于此，故尊崇节义，敦砺名实，以经明行修四字，为进退士类之标准。东汉二百年间，儒教之道德，渐渍社会，寖成风俗。至其末造，朝政昏浊，国事日非。而党锢之流，独行之辈，依仁蹈义，舍命不渝，风雨如晦，鸡鸣不已，让爵让产，史不绝书。或千里以急朋友之难，或连轸以犯时主之威。论者谓三代以下，风俗之美，莫尚于东京，非过言也。历代贤相，若太尉郑弘、司徒袁安等，直臣若尚书仆射郅寿、乐恢等，循吏若九江太守宋均、蜀郡太守廉范等，孝义若庐江毛义、东平郑均等，高士若汝南黄宪、豫章徐稚等，清风亮节，俱足千古，皆儒教养成之人物也。梁冀之专政也，朝廷遣杜乔、周举、周栩、冯羡、栾巴、张纲、郭遵、刘班等八使分行州郡，表贤良，显忠勤。其贪污有罪者，刺史二千石驿马上之；墨绶以下，便辄收举。乔等受命之部，张纲独埋其车轮于洛阳都亭曰："豺狼当道，安问狐狸。"遂劾奏梁冀及其弟河南尹不疑无君之心十五事，京师震悚。顺帝虽知纲言直，不能用也。冀恨纲，思有以中伤之。时广陵贼张婴寇乱扬徐间，积十余年，乃以纲为广陵太守。纲单车径诣婴垒门，婴大惊，走闭垒。纲于门外罢遣吏兵，留十余人，以书喻婴，请与相见。婴乃出拜谒，纲喻以祸福。婴还营，将所部万余人与妻子面缚归降。纲单车入垒，散遣部众，任从所之。亲为卜居宅，相田畴。子弟欲为吏者皆引召之。人情悦服，南州晏然。论功当封，梁冀遏之。在郡一岁卒，婴等五百余人为之制服行丧，送到犍为，负土成坟。桓帝元嘉元年正月，群臣朝贺。梁冀带剑入省，尚书张陵叱出。敕羽林虎贲夺剑，冀跪谢，陵不应，即劾奏冀，请廷尉论罪。有诏以一岁俸赎，百僚肃然。永兴元年，冀州河溢民饥，流亡数十万户。诏以朱穆为刺史，令长闻穆济河，解印绶去者四十余人。及到官，奏劾诸郡贪污官吏，有至自杀或死狱中者。宦者赵忠丧父归葬，僭为玉匣，穆下郡案验，吏发墓剖棺出之。帝闻大怒，征穆下廷尉狱，输作左校。帝问侍中爰延："朕何如主？"对曰："中主。"帝曰："何以言之？"对曰："尚书令陈蕃任事则治，中常侍黄门与政则乱，是以知陛下可与为善，可与为非。"帝曰："敬闻阙矣。"拜延五官中郎将。延数谏诤，帝不能用，遂称疾免归。

宋均为九江守，五日一听事，悉省掾史，闭督邮府内，属县无事，百姓安业。明帝知其贤，征拜尚书令。成都民物丰盛，邑宇逼侧，旧制禁民夜作以防火灾，而更相隐蔽，烧者日众。廉范为蜀郡太守，毁削先令，但严使储水而已，百姓以为便。周纡为雒阳令，下车先问大姓主名，吏数闾里豪强以对，纡厉声曰："本问贵戚若马窦等辈，岂能知卖菜佣乎！"于是部吏争以激切为事，贵戚踞蹐，京师肃清。朱晖守临淮，有善政，坐法免官。章帝知其贤，征拜尚书仆射。廷尉陈宠性仁矜，数议疑狱，每引经典，务从宽恕。王涣为洛阳令，居身平正，能以明察发擿奸伏，外猛内慈，人皆悦服。任峻为洛阳令，选用文武，各尽其用，发奸不旋踵，民间不畏吏。其威禁猛于王涣，而文理政教不如也。苏章为冀州刺史，有故人为清河太守，章行部欲案其奸，乃为设酒甚欢。太守喜曰："人皆有一天，我独有二天。"章曰："今夕与故人饮者私恩也，明日冀州刺史案事者公法也。"遂举正其罪，州境肃然。后以摧折权豪，坐免。胶东相吴祐政崇仁俭，民不忍欺。啬夫孙性私赋民钱，市衣以进其父。父怒曰："有君如此，何忍欺之！促归伏罪。"性惭惧自首。祐曰："掾以亲故受污秽之名，所谓观过知仁矣。"使归谢其父。荀淑少博学，有高行，李固、李膺等皆师宗之。尝举贤良对策，讥刺贵幸，梁冀忌之。出为朗陵相，莅事明治，称为神君。桓帝时，群盗公孙举等聚众至三万人，寇青兖徐州，州兵讨之，连年不克。尚书选能治剧者，永寿二年，以韩韶为嬴长，群盗相戒不入其境。流民万余户入县界，韶开仓赈之。主者争不可，韶曰："长活沟壑之人而以此伏罪，含笑入地矣。"韶与同郡荀淑、钟皓、陈实皆尝为县长，以德政称，时人谓之颍川四长。刘矩为雍丘令，以礼化民，民皆感悟自革。有讼者，常引之于前，提耳训告，以为忿恚可忍，县官不可入，使归更思。讼者感之，辄各罢去。刘宠为会稽太守，除烦苛，禁非法，郡中大治。桓帝征拜司空。有五六老叟自若邪山谷间出，人赍百钱送宠。宠为人选一文钱受之。刘宽历典三郡，温仁多恕，虽在仓卒，未尝疾言遽色。吏民有过，但用蒲鞭罚之，示辱而已，终不加苦。有功善推之于下，有灾异则引躬自责。每见父老，慰以农里之言，见少年勉以孝弟之训，人皆悦而化之。丁鸿之父陵阳侯綝卒，鸿当袭封，上书称病，让国于弟盛，不报，乃逃去。友人九江鲍骏遇鸿于东海，让之，鸿感悟，乃还就国。明帝以鸿有经学，征拜侍中。毛义、郑均俱以行义称于乡里，南阳张奉慕义名，往候之。坐定而府檄适至，以义守安阳令。义捧檄而入，喜动颜色。奉心贱之，辞去。后义母死，征辟皆不至。奉乃叹曰："贤者固不可测。往日之喜，乃为亲屈也。"均兄为县吏，颇受礼遗，均谏不听，乃脱身为佣。岁余，得钱帛归，以与兄曰："物尽可复得，为吏坐赃，终身捐弃。"兄感其言，遂为廉洁。章帝闻其名，赐均、义谷各千斛，命长吏存问。汝南薛包，少有至行。父娶后妻，憎包，分出之。包日夜号泣，不忍去，至被殴扑。不得已，庐于外，旦入洒扫。父怒，逐之，乃庐于里门，昏晨不废。积岁余，父母惭而还之。及父母亡，弟子求分财异居，包不能止，乃中分其财。奴婢引其老者曰："与我共事久，若不能使也。"田庐取其荒顿者，曰："我少时所治，意所恋也。"器物取其朽败者，曰："我素所服食，身口所安也。"弟子数破其产，辄复赈给。安帝闻其名，征拜侍中，不就。故太尉李固、杜乔为梁冀所害，固弟子郭亮，未冠，左提章钺，右秉铁锧，诣阙上书，乞收固尸。不报，与董班俱往临哭不去。乔故掾陈留杨匡，号泣星行至洛，著故赤帻，托为夏门亭即洛阳西北门万岁亭吏，守护尸丧，诣阙上书并乞二公骸骨。太后许之。匡送乔丧还家，葬讫，行服，遂与亮、班皆隐匿，终身不仕。州郡收固子基、兹下狱，皆杀之。固弟子王成携固幼子燮，乘江东下，入徐州界，变姓名为酒家佣。而成卖卜于市，各为异人，阴相往来。积十余年，梁冀伏诛，燮乃还乡里。徐稺家贫，常自耕稼，非其力不食，恭俭义让，所居服其德，屡辟不起。陈蕃为豫章太守，以礼请署功曹，稺既谒而退。蕃性高峻，不接宾客，稺来，特设一榻，去则悬之。后举有道，家拜太原太守，皆不就。彭城姜肱，与弟仲海、季江俱以孝友著称，尝俱诣郡，夜遇盗，欲杀之，肱曰："弟年幼，父母所怜，又未聘娶，愿杀身济弟。"季江曰："兄年德在前，家之珍宝，国之英俊，乞自受戮，以代兄命。"盗两释焉，但掠夺衣资而已。既至郡中，见肱无衣服，怪问其故，肱托以他辞，终不言盗。盗闻而感悔，就肱叩头谢罪，还所掠物。肱不受，劳以酒食而遣之。桓帝时，征安阳魏桓，其乡人劝之行，桓曰："夫干禄求进，所以行其志也。今后宫千数，其可损乎？厩马万匹，其可减乎？左右权豪，其可去乎？"皆对曰："不可。"桓乃慨然叹曰："使桓生行死归，于诸子何有哉！"遂隐身不出。太原郭泰，博学善谈论，性明知人，好奖训士类。茅容年四十余，耕于野，与等辈避雨树下，众皆夷踞，容独危坐。泰见而异之，因请寓宿。旦日，容杀鸡食母，余半庋置，自以草蔬与客同饭。泰曰："卿贤哉远矣！

郭林宗犹减三牲之具以供宾旅，而卿如此，乃我友也。”起对之揖，劝令从学。巨鹿今直隶大名道巨鹿县孟敏，荷甑堕地，不顾而去，泰见问之，对曰：“甑已破矣，视之何益？”泰以为有分决，亦劝令游学。陈留今河南开封道陈留县申屠蟠为漆工，鄢陵今河南开封道鄢陵县庾乘为门士，泰奇之，后皆为名士。自余或出于屠沽卒伍，因泰奖进，成名者甚众。或问范滂曰：“郭林宗何如人？”滂曰：“隐不违亲，贞不绝俗，天子不得臣，诸侯不得友。吾不知其他。”泰举有道，不就。或劝之仕，泰曰：“吾夜观乾象，昼察人事，天之所废，不可支也。吾将优游卒岁而已。”然犹周旋京师，诲诱不息。徐稺以书戒之曰：“夫大木将颠，非一绳所维，何为栖栖不遑宁处？”泰感悟曰：“谨拜斯言，以为师表。”陈留仇香，至行纯嘿，乡党无知者，年四十，为蒲亭亭名，汉属陈留郡考城县，今隶河南开封道长，劝人生业，为制科令，令子弟就学，赈恤穷寡，期年大化。民有陈元，独与母居，母诣香，告元不孝。香惊曰：“吾近日过元舍，庐落整顿，耕耘以时。此非恶人，当是教化未至耳。母守寡养孤，苦身投老，奈何以一旦之忿，弃历年之勤乎？且母养人遗孤，不能成济，若死者有知，百岁之后，当何以见亡者？”母泣涕而起。香乃亲到元家，为陈人伦，譬以祸福。元感悟，卒为孝子。考城令王奂，署香主簿，谓之曰：“闻在蒲亭，陈元不罚而化，得无少鹰鹯之志耶？”香曰：“以为鹰鹯不若鸾凤，故不为也。”奂曰：“枳棘非鸾凤所集，百里非大贤之路。”乃以一月俸资香，使入太学。其父子兄弟师友吏民之间，以道义相尚如此，儒教之感人者深矣。然而好名之念太重，往往故为矫激之行。批评当世人物，号为激浊扬清，受其毁誉者，一语之褒，荣于华衮，一语之贬，严于斧钺。当时名儒王符作《潜夫论》，朱穆作《绝交论》，盖有慨乎其言之。又好广交际，通声气，有互相标榜之习。前太尉黄琼之卒也，四方名士来会其葬者六七千人。郭泰初游洛阳，时人莫识，陈留符融，一见嗟异，因以介于河南尹李膺。膺与为友。后归太原乡里，诸儒送至河上，车数千辆，太学诸生三万余人。郭泰、贾彪为其冠，与李膺、陈蕃、王畅更相褒重。学中语曰：“天下模楷李元礼，不畏强御陈仲举，天下俊秀王叔茂。”于是中外承风，竞以臧否相尚。自公卿以下，莫不畏其贬议，屣履到门。

第四节　第一次钩党之狱

初，桓帝为蠡吾侯时，受学于甘陵周福，及即位，擢福为尚书。时同郡房植有名当朝，乡人为之谣曰："天下规矩房伯武，因师获印周仲进。"二家宾客，互相讥揣，遂成尤隙。由是甘陵有南北部，党人之议自此始矣。汝南太守宗资，以范滂为功曹；南阳太守成瑨，以岑晊为功曹，皆悉心听任，使之褒善纠违，肃清朝府。滂尤刚劲，疾恶如仇，郡中中人以下，莫不怨之。于是二郡为谣曰："汝南太守范孟博，南阳宗资主画诺；南阳太守岑公孝，弘农成瑨但坐啸。"宛有富贾张泛，恃后宫中官，用执纵横，岑晊劝瑨收捕，既而遇赦，瑨竟诛之，后乃奏闻；小黄门晋阳赵津，贪横放恣，太原太守刘瓆，亦于赦后杀之。侯览使泛妻上书讼冤，宦官因缘谮诉瑨、瓆。帝大怒，征下狱。有司承旨，奏当弃市。山阳太守翟超，以张俭为督邮。侯览家在防东，县名，今山东济宁道金乡县残暴百姓，大起茔冢。俭举奏览，破其冢宅，籍没资财。徐璜兄子宣为下邳令，求故汝南太守李暠女，不得，遂将吏卒至暠家，载其女归，射杀之。东海相黄浮，收宣家属，无少长悉案弃市。宦官诉冤，帝又大怒，超、浮并坐髡钳输作。太尉陈蕃上疏力争，上不纳。瑨、瓆俱死狱中。瑨、瓆素刚直，有经术，知名当时，天下惜之。岑晊逃窜获免。河内张成善风角，推占当赦，教子杀人。司隶校尉李膺收捕，逢赦，竟案杀之。成素以方技交通宦官，宦官教成弟子牢修上书，告膺等养太学游士，共为部党，诽讪朝廷，疑乱风俗。帝震怒，班下郡国，逮捕党人，布告天下，使同忿疾。下膺等北寺狱，辞连太仆杜密，及陈实、范滂之徒二百余人。或逃遁不获，皆悬金构募。陈蕃上书极谏，上怒，免其官。朝臣震栗，莫敢复为党人言者。后父城门校尉槐里侯窦武上疏力争，尚书霍谞亦为表请，帝意稍解。膺等多引宦官子弟，宦官惧，请帝以天时宜赦。遂赦，改元，党人二百余人皆放归田里，书名三府，禁锢终身。是为第一次钩党之狱，起桓帝延熹九年七月，终永康元年六月，凡延亘一年。

第五节　第二次钩党之狱

党狱之初起也，所染皆天下名贤。度辽将军皇甫规自以西州豪杰，耻不得与，乃自上言："臣前荐故大司农张奂，是附党也；太学生张凤等上书讼臣，是为党人之所附也。臣宜坐之。"朝廷不问。范滂之遇赦还乡也，汝南南阳士大夫迎之者车数千辆。滂曰："是重吾祸也。"遂遁还。李膺等虽废锢，天下士大夫皆高尚其道，而污秽朝廷，更相标榜，为之称号，以窦武、陈蕃、刘淑为三君。君者，言一世之所宗也；李膺、杜密等八人为八俊。俊者，言人之英也；郭泰、范滂等八人为八顾。顾者，言能以德行引人者也；张俭、岑晊等八人为八及。及者，言其能导人追宗者也；度尚、张邈等八人为八厨。厨者，言能以财救人者也。其受人崇拜不善韬晦类如此。第二次党狱之祸，从此伏矣。

是年十二月，桓帝崩。灵帝即位，尊皇后窦氏为皇太后，临朝称制，以窦武为大将军，陈蕃为太傅，与司徒胡广参录尚书事。是时灵帝年才十二，以宗室藩侯入承大统。武、藩秉政，外戚清流结为一系，联合以排宦者。灵帝幼冲，为宦官所愚弄。于是第二次党狱复起。

初，窦太后之立也，陈蕃有力焉。及临朝，政无大小，皆委于蕃。蕃与窦武同心勠力，以奖王室，征天下名贤李膺、杜密、尹勋、刘瑜等，共参政事。天下延颈想望太平，而帝乳母赵娆与中常侍曹节、王甫等，共相朋结，谄事太后。太后信之，数出诏命有所封拜。蕃、武疾之。会有日食之变，蕃说武斥罢宦官，以塞天变。武乃白太后，请悉诛废宦官，以清朝廷。太后曰："故事世有宦官，但当诛其有罪者，岂可尽废耶！"时中常侍管霸颇有才略，专制省内。武先白收霸，诛之，复数白诛节等，太后犹豫不忍。建宁元年八月，太白犯房之上，将入太微，刘瑜劝武速定大计。武乃奏收长乐尚书郑飒，送北寺狱，使尚书令尹勋、黄门令山冰杂考之，辞连曹节、王甫。勋、冰奏收节等，使刘瑜纳奏。会武出宿归府，典中书者，先以告长乐五官史朱瑀。瑀盗发武奏，骂曰："放纵者自可诛耳，我曹何罪，而当尽见族灭。"乃夜召所亲共普等十七人，歃血共盟。节请帝出御前殿，召尚书官属胁以白刃，使作诏版，拜甫为黄门令。持节至北寺狱，收勋、冰杀之，出飒。还兵劫太后，夺玺绶，使飒持节收武等。武驰入步兵营，召会北军五校士数千人屯都亭。蕃闻难，将官属诸生八十余人，拔刃突入尚书门。甫使剑士收蕃，送北寺狱，杀之。时护匈奴中郎将张奂征还，节等矫制，使奂率五营士讨武，武兵败自杀。甫收捕武宗亲宾客，悉杀之；迁太后于南宫，徙武家属于日南。自公卿以下，尝为蕃、武所举者，及门生故吏，皆免官禁锢。节迁长乐卫尉，与王甫、朱瑀、共普等皆封列侯。于是群小得志，士大夫皆丧气。张奂迁大司农，封侯。奂深病为节等所卖，固辞不受。

侯览怨张俭尤甚，览乡人朱并，承览意指，上书告俭与同乡二十四人，别相署号，共为部党，图危社稷。诏刊章捕俭等。建宁二年十月，曹节讽有司，奏诸钩党者故司隶校尉李膺、太仆杜密等，请下州郡考治。是时上年十四，问节等曰："党人何用为恶而欲诛之耶？"对曰："相举群辈，欲为不轨。"上曰："不轨欲如何？"对曰："欲图社稷。"上乃可其奏，收膺、密等百余人，皆下狱死，妻子徙边。天下豪杰及儒学有行义，宦官一切指为党人。有怨隙者，阴相陷害，睚眦之忿，滥入党中。或有未尝交关，亦罹祸毒。其死徙废禁者又六七百人。是为第二次钩党之狱，起灵帝建宁元年八月，终二年十月，凡延亘一年二月，距第一次党狱，仅隔一年。

第六节　党狱之余波及其结果

两次党狱，天下名贤，诛戮殆尽，独陈实、申屠蟠、袁闳、夏馥、郭泰等不与焉。初，中常侍张让父死，归葬颍川。虽一郡毕至，而名士无往者，让耻之。陈实独吊焉。及诛党人，让以实故，多所全宥。范滂等非讦朝政，自公卿以下，皆折节下之，太学生争慕其风。申屠蟠独曰："昔战国之世，处士横议，列国之王，至为拥彗先驱，卒有坑儒烧书之祸，今之谓矣。"乃绝迹于梁砀之间，因树为屋，自同佣人，卒免于祸。袁闳为司徒安玄孙，世为宰相，中常侍袁赦推崇以为外援。闳见时方险乱，而家门富盛，心窃忧之。及党祸起，欲投迹深林，以母老不忍去，乃筑土室四周于庭，不为户，自牖纳饮食。母思闳，时往就视。母去，便自掩闭。兄弟妻子，莫得见也。潜身十八年，卒于土室。夏馥自剪须变形，入林虑山中，隐姓名为冶家佣，亲突烟灶，形貌毁瘁。积二三年，人无知者。弟静载帛追饷之，馥不受曰："弟奈何载祸相饷乎？"郭泰虽好臧否，而不为危言核论，故能处浊世而怨祸不又焉。是为党狱后之硕果仅存者。

四年，帝加元服，赦天下，唯党人不赦。次年（熹平元年），太后崩，曹节、王甫欲以贵人礼殡葬，帝不可，乃发丧成礼；节等欲别葬太后，太尉李咸、廷尉陈球力争，乃止。有人书朱雀阙，南司马门阙在宫门外言曹节、王甫幽杀太后，诏司隶校尉刘猛逐捕。猛以其言直，不肯急捕。月余，主名不立，诏以段颎代猛。颎乃四出逐捕，及太学游生，系者千余人。节等又使颎以他事奏猛，轮输左校。王甫与渤海王悝有隙，谮杀之。悝妃宋氏，皇后之姑也，甫因谮皇后。下暴室，以忧死，父及兄弟皆被杀。

熹平五年，永昌太守曹鸾上书，请赦党人。上怒，槛车收鸾下狱，掠杀之。诏州郡更考党人，门生故吏父子兄弟在位者，悉免官禁锢，爰及五属，是为党狱余波。自是以后，正人绝迹，政柄尽入于宦官之手。直至中平元年，黄巾贼起，始纳中常侍吕强谏，赦党人。旋听中常侍张让赵忠谗，杀强。于是宦官专横愈甚。六年，灵帝崩。大将军何进谋诛宦官，反为所杀。司隶校尉袁绍捕宦者，悉诛之。宦官之祸从此告终，汉室亦不可为矣。此真附骨之疽，一割则有性命之虞者也。

第三章
两晋南北朝时代门第之见与方舆之见

第一节　古代门第之见之面影

凡人群进化第一期，往往经过阶级制度，古代波斯、印度、埃及等国所谓 Castes，欧洲各国所谓 Eastates 者，皆此制度之表现也。我国历史，有可以自豪于世界者一事，则此无制度是也。中国自上古时代，家族主义日见发达，经过唐虞三代，而至春秋战国，国家政权恒操诸贵族之手，若尧时之四岳，周初之二伯，春秋时代齐之国高崔庆，鲁之三桓，郑之七穆，晋之栾、郄、胥、原、范、荀，楚之昭、屈、景，皆是也。孔老墨诸大学者，皆深恶贵族政治，力倡万民平等主义。自春秋初年，以至战国末年，国家主义发达，兼并政策盛行，列国之竞争最剧，相率以登进人才扩张国势为务，故敬礼处士，招致客卿。各国之上相大将，如秦之商鞅、范雎，燕之剧辛、乐毅，赵之廉颇、蔺相如等，无一不起自远客贱族，皆以处士权倾人主。而各国贵族中之贤者，如齐之孟尝君、赵之平原君、魏之信陵君等，亦往往纡尊降贵，自放弃其特权，以结欢于处士。至秦并六国，废封建，设郡县，徙诸郡豪杰于咸阳。汉高帝继之，徙齐诸田及楚昭、屈、景诸大族于关中。于是贵族之势衰，其后遂夷于庶姓。数千年来因循之贵族政治，一扫以尽。

汉高帝起草泽，作天子，其本身既已不带一毫贵族性质，其左右股肱，若萧、曹、韩、彭、平、勃之流，皆起家贱吏、牙侩、屠狗之徒，致身通显，君臣同道，益举自有人类以来天然阶级之陋习，摧灭烟廓清之。故自汉兴而布衣将相之局已定。求其类似贵族者，则西汉勋臣中之金、张，后族中之吕、窦、田、霍、上官、王氏；东汉后族中之马、窦、邓、阎、梁氏，宰相家之袁氏而已。然皆不旋踵而灭，在政治上之影响固已征矣。

第二节　两晋南北朝时代门第之见

自魏陈群立九品中正取士之制，汉献帝建安二十五年，魏尚书陈群立九品官人之法，州郡皆置中正，择有识鉴者为之，区别人物，第其高下沿及晋代，至有所谓“上品无寒门，下品无世族”者，故自战国以后至今日，中间惟两晋南北朝时代，颇有贵族阶级臭味。“旧时王谢堂前燕，飞入寻常百姓家。”贵族与寻常百姓之区别，颇印于全社会之脑中矣。南北朝时，门第益重，视后门寒素，殆如良贱之不可紊。史称赵邕宠贵一时，欲与范阳卢氏为婚，卢氏有女，父早亡，叔许之，而母不肯；又崔巨伦姊眇一目，其家议欲下嫁，巨伦姑悲戚曰：“岂可令此女屈事卑族！”又何敬容与到溉不协，谓人曰：“到溉尚有余臭，遂学作贵人。”是其例也。而单门寒士，亦遂自视微陋，不敢与世家相颉颃。《宋书》称蔡兴宗以征西将军、开府仪同三司、荆州刺史被征还都，时右军将军王道隆任参国政，权重一时，蹑履到兴宗前，不敢就席，良久方去，竟不呼坐；又元嘉初，中书舍人狄当诣太子詹事王昙首，不敢坐；又宗越本南阳次门，以事黜为役，后立军功，启宋文帝求复次门等。是其例也。其有发迹通显，得与世族相攀附，则视为莫大之荣幸。史称王敬则与王俭同拜开府仪同三司，俭曰：“不意老子，遂与韩非同传。”敬则闻之曰：“我南沙小吏，徼幸得与王卫军拜三公，夫复何恨！”又孙搴寒贱，齐神武赐以韦氏女为妻。韦氏本士族，时人荣之等。是其例也。甚至风俗所趋，积重难返，虽以帝王之力，欲变易之而不可得。史称宋文帝宠中书舍人王宏，谓曰：“卿欲作士人，得就王球坐，乃当判耳。若往诣球，可称旨就席。”及至，宏将坐，球举扇曰：“卿不得尔。”宏还奏，帝曰：“我便无如此何。”他日帝以劝球，球曰：“士庶区别，国之常也，臣不敢奉诏。”又称纪僧真常启宋武帝曰：“臣小人，出自本州武吏，他无所须，惟就升下乞作士大夫。”帝曰：“此事由江敩、谢瀹，我不得措意，可自诣之。”僧真承旨诣教，登榻坐定，敩命左右，移吾床远客。僧真丧气而退，以告帝，帝曰“士大夫固非天子所命”等，是其例也。此等习尚，沿至初唐而犹极盛。史载山东士人崔、卢、李、郑诸族，自矜地望，凡为婚姻，必多责财币，或舍其乡里而妄称名族，或兄弟齐列而更以妻族相陵。太宗恶之，命吏部尚书高士廉等刊正姓氏，第为九等，而崔氏犹居第一，太宗家列居第三。诏曰：“曩时南北分析，故以王谢崔卢为重，今则天下一家矣。”遂合三百九十三姓、千六百五十一家为氏族志，颁行天下，以皇族为首，外戚次之，崔氏为第三。而李义府传犹云“自魏太和后魏孝文帝年号中，定望族七姓，子孙迭为婚姻，唐初作氏族志，一切降之，然房玄龄、魏征、李勣仍往求婚，故望不减”云，则固非太宗所能禁矣。及中唐犹未革。史称李日知贵，诸子方总角，皆通婚于名族；又李怀远与李林甫亲善，常慕与山东著姓通婚姻，引就清列；又张说好求山东婚姻，与张姓亲者皆为门甲；又杜羔传云，文宗欲以公主降士族曰：“民间婚姻，不计官品，而尚阀阅。我家二百年天子，反不若崔卢耶！”可见唐之中叶，其风不衰也。其南北朝时之望族，若太原王氏，范阳卢氏，荥阳郑氏，清河博陵二崔氏，陇西赵郡二李氏，仍恃其族望，耻与卑族为婚。高宗尝禁其自相婚娶以窘之，七姓乃不敢复行婚礼，仍饰其女以送夫家，亦可见习俗之难移矣。

以上所举各种无意识举动，实中国数千年来一怪现象也。其原因所自起，不能确言，大率由于虚名，非由于实力也。彼之所谓门第者，于政治上之权力毫无关系。虽起寒门，可以致其位于将相，虽致将相，不能脱其籍于寒门。故六朝时代，可以谓之有贵族，而不可谓之有贵族政治，与日本近代之华族、欧洲各国近代之贵族性质自不同也。

第三节　两晋南北朝时代方舆之见

中国文化，发生于黄河流域，经过唐虞三代，扬子江、西江两流域犹为苗民所盘据，列于要服荒服之中。春秋时代，现今湖北境内之楚、江苏境内之吴、浙江境内之越相继勃兴，扬子江流域始交通于上国。战国末年，秦王翦灭楚，乘势定江南，降百越，置会稽郡；始皇三十三年，发兵略取南粤，置南海、桂林、象郡，又取闽越，置闽中郡，于是西江、闽江、瓯江流域，皆收入中国版图。汉兴，真定人赵佗据西江流域，故闽粤王兴诸据闽江流域，故闽粤君摇据瓯江流域，各自立国。武帝时，复一切恢复之，仍设郡县，以汉人为流官处理之。自此以后，汉族文化逐渐输入，然其地卑湿沮洳，宦游其地之官吏多系左迁，移居其地之人民多系谪徙。黄河流域中流社会以上之人物，多安土重迁，不肯轻易南下。扬子江流域依然为蛮夷巢穴，草昧未辟，西江流域更可知矣。三国时代，吴大帝据江东立国，北拒魏，西通蜀，南与海南诸国贸易，东求夷洲、亶洲，是为江南建立大国之始，扬子江流域逐渐汉化。西晋末年，匈奴刘渊据并州北部作乱，洛阳、长安相继沦陷，怀、愍二帝相继被虏，黄河流域无一片干净土。宗室琅琊王睿，以扬州刺史资格，即位于建业。皇族贵戚与中流社会以上之人物，多奔避江南往依之。自此以后，江南文化骤然发达，而黄河流域为匈奴、鲜卑、氐、羌诸族更迭蹂躏，仅少数之汉族留居故土，与之杂居，文化不能不退步。于是江南汉族，以排外思想与复仇思想，结合为一，嫉视北方人；北方各民族，亦以战胜国自居，藐视南方人。南北朝对立时代，南谓北为索虏，北谓南为岛夷，互相诋毁，无所不至。虽其中有种族之见存乎，然方舆之见亦自有不可掩者，对于留居北方之汉人，亦未始不排斥之也。东晋末年，有杨佺期者，本华阴人，汉太尉震之后。曾祖准，晋太常，自震至准，七世有名德；祖林，少有才望，值乱，没胡；父亮，少仕伪朝，后归国，屡立战功，终于梁州刺史，以贞干知名。佺期沈勇果劲，自云门户承籍，江表莫比，有以其门第比王珣者，犹恚恨。而时人以其晚过江，婚宦失类，兄弟皆粗犷，每排抑之。恒慷慨切齿，欲因事际以逞其忿。安帝时，为南郡相，会青兖都督王恭、荆州都督殷仲堪与太傅录尚书事会稽王道子构隙，恭、仲堪以讨江州都督王愉及谯王尚之兄弟皆道子党为名，与南郡公桓玄举兵反。恭司马刘牢之执恭以降，杀之。仲堪以佺期为前锋，与玄袭破江州。朝廷不得已，以玄为江州刺史，佺期为雍州刺史，与之和，敕仲堪使回军。佺期知玄有野心，欲举兵攻之，仲堪不从。次年，玄举兵攻仲堪于江陵，佺期救之。兵败，皆为玄所杀。杜坦者，京兆杜陵人，高祖预，晋征南大将军；曾祖耽，避晋乱，居河西，仕张氏。前秦王苻坚克凉州，子孙始还关中。宋武帝灭后秦，坦兄弟从过江。时江东王谢诸族方盛，北人晚渡者，朝廷悉以伧荒遇之，虽复人才可施，皆不得践清途。宋文帝元嘉中，坦为青州刺史，常与帝言及史籍。上曰：“金日磾忠孝淳深，汉朝莫及，恨今世无复此辈人。”坦曰：“日磾假生今世，养马不暇，岂辨见知！”上变色曰：“卿何量朝廷之薄也！”坦曰：“请以臣言之。臣本中华高族，世业相承，直以南渡不早，便以伧荒赐隔，况日磾胡人，身为牧圉乎？”上默然。北人重同姓，多通谱系，南人则否。史称晋故大司马石苞曾孙朴没于寇，后赵主石勒以与朴同姓，俱出河北，引朴为宗室，特加优宠，位至司徒。又《南史》侯瑱传，侯景以瑱与己同姓，托为宗族，待之甚厚。此以殊族而自附于汉族者也，北方人之习惯也。王仲德者，宋之名将，生长北方，闻王愉在江南，是太原人，乃往依之，愉礼之甚薄。此以汉族而排汉族者也，南方人之性质也。

第四章
有唐中叶以后牛李党之倾轧

第一节　牛李党成立之原因

有唐中叶以后，政府之实权入于宦官手，无政党发生之余地，然玄宗时代之姚崇、宋璟、李林甫、杨国忠，代宗时代之元载、杨绾，德宗时代之崔祐甫、杨炎、卢杞、张延赏、李泌、陆贽等，无论其人为贤为不肖，而皆有相当势力，足以左右政界；同时之宦官，若杨思勗、高力士、李辅国、程元振、鱼朝恩、白志贞、窦文场、霍仙鸣等，虽有一部分权力，足以牵掣宰相行政，固未能取而代之也。有唐时代之风气，内重外轻，凡京朝官出为都督、刺史，宰相出为节度、观察等使者，皆目为左迁。聚天下之人才，荟萃于中央政府，而无相当之位置以调剂之，势不得不出于竞争。竞争之结果，君子与小人不能相容，势不得不出于倾轧。竞争而至于倾轧，其君又无知人之明，于是君子退，小人进，而党祸成矣。有唐之朋党，与汉末之钩党异。汉末之钩党，其主体为士君子，其对象物为宦官；有唐之朋党，则双方皆士大夫也。汉末之钩党，始于甘陵二部相讥，成于太学诸生相誉，所争者意气，所急者国事也；唐末之朋党，始于牛僧孺、李宗闵之对策，成于钱徽、李宗闵之贬黜，所争者意气，所急者功名也；汉之党尚节义，政乱于上，而俗清于下，及其亡也，人犹畏义而有所不为；唐之党趋势利，势尽则离，利尽则散，故其衰季，士无操行，以酿成五代之衰乱。推其成立之原因，约有三端。

一、李逢吉、李宗闵、牛僧孺等，妒贤嫉能，贪恋禄位，故引进同类，把持朝政，排斥异己。即使与裴李诸公无宿嫌，亦决不能相得。盖冰炭不同炉，薰莸不同器，君子小人不能共秉国钧也。

二、穆宗昏庸，敬宗荒淫，无足论矣。文宗号称令主，然优柔寡断，无知人之明，故对于贤臣，时常怀猜疑心，对于庸臣，时常怀牵就心，对于佞臣，时常怀试验心。中无主见，往往为小人所利用，反不若蜀汉后主、明神宗之庸懦幼弱者，犹能恭己无为，任贤勿贰也。裴李诸贤不能久居政府者以此，甘露之祸所以酿成者亦以此也。及武宗即位，始重用文饶，制驭宦官，扫平河朔，征服回鹘，绥附黠戛斯，安抚党项以制吐蕃，漠南漠北，烽烟无警，行见河陇旧地，复归于中国，文治武功，恢复有唐盛时状况。不幸武宗早逝，文饶为异己者所排，远窜蛮方，没于瘴地，此真天不祚唐也。自此以后，河陇虽一时恢复，旋复沦没，酿成有宋初年西夏之祸。朔方河西、陇右等富庶之地，骤然退化，无复汉唐时旧观。直至现在，犹为汉蒙回人杂居之地，声名文物，远在沿江沿海各省之下。抑亦天不祚中国也。

三、文饶之为人，才高气劲，而不知道；功名心重，得失心重，而不知自反。苏子瞻论贾长沙云："惜乎贾生，志大而量小，才有余而识不足也。"吾于文饶亦云然。孔子曰："忠恕违道不远，施诸己而不愿，亦勿施于人。"文饶对于李宗闵等，似尚未能行恕道。昔者西汉中叶，霍光废昌邑王，立宣帝，侍御史严延年劾其专横，光不以为忤。僧孺、宗闵对策，亦据己见论国事耳。使言而非，无足与校；使言而是，尽可采择以备选用，不当怨而不解。《春秋》责备贤者，文饶父子，于是有惭德矣。

有此三原因，而有唐中叶之党祸成矣。其事迹首尾，下依次序论之。

第二节　牛李结怨之始

先是宪宗元和二年，以李吉甫同平章事。吉甫谓中书舍人裴垍曰："吉甫流落江淮，逾十五年，一旦蒙恩拔擢至此，思所以报德，惟在进贤。而朝廷后进，罕所接识，君有精鉴，愿悉为我言之。"垍取笔疏三十余人，数月之间，选用略尽，当时翕然称为得人。三年四月，策试贤良方正直言极谏举人。牛僧孺、皇甫湜、李宗闵皆指陈时政之失，无所避。考官杨于陵、韦贯之署为上第，上亦嘉之。李吉甫恶其言直，泣诉于上，且言湜翰林学士王涯之甥也，涯与裴垍复试而不自言。上不得已，罢垍为户部侍郎，贬贯之巴州今四川东川道巴县刺史，涯虢州今河南河洛道陕县司马，出于陵为岭南节度使，僧孺等久之不调，各从辟于藩府。是为牛李结怨之始。

元和十五年，宪宗崩，穆宗即位。次年长庆元年四月，右补阙杨汝士与礼部侍郎钱徽掌贡举，西川节度使段文昌、翰林学士李绅各以书属所善进士。及榜出，二人所属皆不预，而谏议大夫郑覃弟朗、故相珣瑜之子河东节度使裴度子撰、中书舍人李宗闵壻苏巢、汝士弟殷士及第。文昌言于上曰："今岁礼部殊不公，所取皆以关节得之。"上以问诸学士，是时李吉甫之子德裕与李绅、元稹俱在翰林，以学识才名相类，情颇款密。德裕以宗闵尝对策讥切其父，恨之；稹与宗闵争进取，有隙。于是德裕、稹、绅皆以文昌言为然。上乃命复试，黜朗等十人，贬徽江州今江西浔阳道九江县刺史，宗闵剑州今四川嘉陵道剑阁县刺史，汝士开江今四川东川道开江县令。或劝徽奏文昌绅属书，上必悟。徽曰："苟无愧心，得丧一致，奈何奏人私书？岂士君子所为耶！"取而焚之。时人多之。自是德裕、宗闵，各分朋党，更相倾轧，垂四十年。

第三节　牛党得意时代

一、李逢吉专政时代　李逢吉、牛僧孺内阁，穆宗长庆二年六月逢吉入相，三年三月僧孺入相，敬宗宝历元年正月僧孺罢，二年十一月逢吉罢，凡四年零五个月先是元和初年，宪宗用兵伐叛，始于宰相杜黄裳，贞元二十一年七月黄裳入相，元和二年正月罢，凡一年半李吉甫继之，方欲出兵经略两河而遽卒。元和二年正月入相，三年七月罢，凡一年半。六年正月复相，九年十月卒，凡三年零十个月武元衡、裴度继之，以次削平河南北诸强藩。元和二年正月元衡入相，四月出为西川节度使，八年三月复相，十年六月为李师道刺客所杀，凡二年零三个月。同年同月裴度入相，十二年七月出讨淮西，十二月复入知政事，十四年四月罢，凡三年十一个月而韦贯之、李逢吉相继入相，深以用兵为非，屡请罢兵。上不悦，二人相继罢相。九年十二月贯之为相，十一年二月逢吉为相，八月贯之罢，十二年九月逢吉罢故逢吉深不满意于吉甫与度。穆宗长庆元年，卢龙叛将朱克融、囚节度使张弘靖成德叛将王庭凑、杀节度使田弘正魏博叛将史宪诚杀节度使田布相继作乱，河北复陷。是时裴度已罢相，出镇河东。诏以度为镇州今直隶保定道正定县行营都招讨使，督诸军讨庭凑。翰林学士元稹与知枢密魏弘简相结，求为宰相，以度先达重望，恐其复有功大用，妨己进取，故度所奏军事，多与弘简从中阻之。度上书论奏，上不得已，罢弘简为弓箭库使，出稹为工部侍郎，而恩遇如故。二年二月，以稹同平章事。稹怨度，欲解其兵柄，乃劝帝雪庭凑，授为节度使而罢兵，以度为司空，同平章事，充东都留守。谏官争上言，度有将相全才，不宜置之散地。上乃命度入朝辅政，于是稹、度并相。是时李逢吉为山南东道节度使，于帝有侍读之恩，密结幸臣，求还京师。是年三月，征拜兵部尚书。逢吉以稹与度有隙，欲并倾陷之，乃遣人密告，和王傅于方为稹结客，谋刺度。诏仆射韩皋等按验，皆无状。逢吉因乘隙并排稹、度。是年六月，罢度为右仆射，出稹为同州今陕西关中道大荔县刺史，而以逢吉为门下侍郎、同平章事。逢吉既得政，锐意报怨，结朝臣之不逞者，造作谤言百端，欲中伤度。翰林学士李绅、韦处厚从中维持调护，度仅得安于位。

是时李德裕为中书舍人，兼翰林学士，以才学结主知，颇有入相希望。逢吉恶吉甫与度，因迁怒于德裕，朝夕短之于上，出为御史中丞。时牛僧孺为户部侍郎，逢吉与之结为党羽，欲引僧孺入中书以固其权，惧德裕从中阻之。是年九月，出德裕为浙西观察使，次年长庆三年三月，引僧孺同平章事。德裕至浙西，八年不迁，由是交怨愈深。逢吉嫉裴度在京，是年八月，出度为司空、山南西道节度使，不兼平章事。是时河北已再陷，武宁叛将王智兴逐节度使崔群据徐州，宣武叛将李齐逐节度使李愿据汴州，朝廷不能讨。度以元和宪宗年号故相，屡立大功，有威名，天下倚以为重，闻其复相，争延颈企望太平，至是为逢吉所逐，人心失望。

逢吉既专大政，外援牛僧孺，内结知枢密王守澄，势倾朝野。惟翰林学士李绅，每承顾问，常排抑之。拟状至内庭，绅多所臧否，逢吉患之。而上遇绅厚，不能远也。会御史中丞缺，逢吉荐绅清直，宜居风宪之地。上以中丞亦次对官，可之。逢吉乃奏以吏部侍郎韩愈为京兆尹，兼御史大夫，放台参。京兆尹新授例参御史台，以愈兼御史大夫，故免台参以绅褊直，必与愈争。及制出，绅果移牒往来，愈性木强，遂至辞语不逊，喧论于朝。逢吉乃奏二人不协。长庆三年九月，罢愈为兵部侍郎，出绅为江西观察使。二人入谢，上令各自叙其事，乃悟为逢吉所排，复以愈为吏部侍郎，留绅为户部侍郎。

上既留绅，逢吉愈忌之。绅族子虞以文学知名，自言不乐仕进，隐居华阳川，及从父耆为左拾遗，虞与耆书求荐己。绅闻而诮之。虞深怨之，悉以绅平日密论逢吉之语告逢吉。逢吉益怒，使虞与从子仲言及补阙张又新伺求绅短，扬之于士大夫间，且言绅潜察士大夫有群居议论者，辄指为朋党，白之于上。由是士大夫多忌绅。四年正月，穆宗崩，敬宗即位。逢吉以绅为穆宗帷幄近臣，恐上复眷绅，使王守澄言于上曰："陛下所以为储贰，逢吉力也。如杜元颖、李绅辈，皆欲立深王。"名悰，上弟上时年十六，疑未信，会逢吉亦有奏，言绅谋不利于上，请加贬谪。上初即位，方任大臣，不能自决，从之。是年二月，贬绅为端州今广东粤海道高要县司马，翰林学士庞严为信州今江西豫章道上饶县刺史，蒋防为汀州今福建汀漳道长汀县刺史，皆绅所引也。又新等犹忌绅，日上书言贬绅太轻，上许为杀之。朝臣莫敢言，独翰林侍读学士韦处厚上疏，指述绅为逢吉之党所谗，上稍开寤。会阅禁中文书，有穆宗所封一箧，发之，得裴度、杜元颖、李绅疏，请立上为太子。上嗟叹，乃焚谮绅书，后有言者不复听矣。是时逢吉以李虞、张又新、李仲言等八人为腹心，又有附和之者八人，皆引居要地，时人目之为八关十六子。有所求请，先赂关子，后达逢吉，无不得所欲。

是年，山南东道节度使牛元翼卒。元翼旧为深州今直隶保定道深县刺史，王庭凑作乱，元翼举兵讨之；庭凑怒，围深州，朝廷不能救。元翼突围奔官军，其家族为庭凑所虏。元翼镇襄阳，今湖北襄阳道朝廷屡遣中使取之，庭凑迁延不遣，至是闻元翼卒，遂屠其家。上闻而叹息，谓宰相非才，使凶贼纵暴。翰林学士韦处厚言："裴度勋高中夏，声播外夷，宜置之岩廊，委其参决。"上乃下诏，复加度同平章事。是时上年幼，荒于酒色游宴，狎昵群小。牛僧孺久在相位，旅进旅退，畏罪不敢言，但累表求出。宝历元年正月，罢为武昌节度使。二月，李德裕自浙西献丹扆六箴以讽谏，一曰宵衣二曰正服三曰罢献四曰纳诲五曰辨邪六曰防微上优诏答之。仆射李绛，元和贤相，久居端揆，好直谏，李逢吉恶之。是年十二月，出为太子少师，分司京朝官留居东都不治事者名曰分司东都。言事者多言裴度贤，不宜弃之藩镇。上数遣使劳问，度因求入朝。逢吉之党大惧，百计阻之，上不听。二年正月，征度还京，复以司空同平章事。十一月，出逢吉为山南东道节度使。

二、李宗闵专政时代　李宗闵、牛僧孺内阁，太和三年八月宗闵入相，四年正月僧孺入相，六年十二月僧孺罢，七年六月宗闵罢，凡三年十一个月是年十二月，宦官刘克明等弑帝，枢密使王守澄、中尉魏从简等与翰林学士韦处厚密谋，发兵讨乱党，悉诛之，奉文宗即位，以处厚同平章事。文宗恭勤宽俭，有美德，而优柔寡断，遇事不能坚决，与宰相议事已定，寻复中变。处厚于延英极论之，因请避位。上慰劳不许。

是时李德裕久在浙西，政治修明，军民悦服，报政为诸道最。穆宗优诏嘉之。德裕以敬宗荒淫无度，数上书讽谏。上虽不能尽用，而心善之。文宗在藩邸，素知德裕贤。太和二年十二月，韦处厚卒。三年八月，上博采舆论，召德裕为兵部侍郎，裴度当国，荐以为相。是时李宗闵为吏部侍郎，有中人之助，遂以宗闵同平章事。宗闵恶德裕逼己，九月，出德裕为义成节度使，镇滑州，今河南河北道滑县又惧德裕复入，欲引牛僧孺以自助，屡荐僧孺有才，不宜居外。四年正月，召僧孺守兵部尚书，同平章事。二人唱和，相与排摈德裕之党，稍稍逐之。

是年六月，裴度请老，诏以司徒平章军国重事。宗闵故为度彰义节度判官，渐获进用，至是怨度荐德裕，乘其谢病，九月，出度为山南东道节度使。翰林侍讲学士郑覃，长于经学，帝甚重之。宗闵恶覃与德裕相善，奏为工部尚书，罢其侍讲学士。

是时南诏作乱，攻成都，入其郛，西川州郡多陷，一方雕弊。西川节度使杜元颖以文雅自高，不晓军事，专务蓄积，减削士卒衣粮。戍卒皆入蛮境钞盗自给，蛮人反以衣食资之，由是蜀中虚实动静蛮皆知之是年十月，徙李德裕为西川节度使，镇成都，非优贤也，将以窘德裕也。德裕至镇，作筹边楼，图蜀地形，南入南诏，西达吐蕃；日召老于军旅，习边事者，访以山川城邑道路险易广狭远近。未逾月，皆若身尝涉历。练士卒、葺堡鄣、积粮储以备边，蜀人粗安。又遣使入南诏，索所掠百姓，得四千余人，复归成都。五年九月，吐蕃维州故城在今四川西川道理番县西十里副使悉怛谋以城来降，德裕遣兵据其城。维州距成都四百里，南界江阳岷山，连岭而西，不知其极，东望城都，若在井底，一面孤峰，三面临江，是西蜀控吐蕃之要地。肃宗至德以后，吐蕃尽陷河陇，惟此州尚存。吐蕃潜以妇人嫁此州守门者，二十年后，二子长成，窃开垒门，引蕃兵夜入，城遂陷，吐蕃得之，号曰无忧城。德宗贞元中，韦皋镇西川，经略西山八国，欲取维州为进兵之路，百计谋复之，不克。至是德裕上书言状，诏百官集议，皆请如德裕策。牛僧孺曰："吐蕃之境，四面各万里，失一维州，未能损其势，徒弃诚信，有害无利。"上以为然，诏德裕执悉怛谋，并城归之吐蕃。吐蕃诛之于境上，极其惨酷。德裕由是怨僧孺益深。六年十一月，西川监军王践言入知枢密，数为上言："缚送悉怛谋，以快虏心，绝降者，非计也。"上亦悔之，尤僧孺失策。僧孺内不自安，会上谓宰相曰："天下何时当太平，卿等亦有意于此乎？"僧孺对曰："太平无象，今四夷不至交侵，百姓不至流散，虽非至理，亦谓小康。陛下若别求太平，非臣等所及。"司马公曰……是时阍寺胁君于内，藩镇阻兵于外，士卒杀逐主帅，拒命自立，军旅岁兴，赋敛日急，而僧孺谓之太平，不亦诬乎退语同列曰："吾辈为宰相，天子责成如是，安可久处此地耶！"因累表求去。是年十二月，罢为淮南节度使，征李德裕为兵部尚书。上眷倚甚厚，朝夕且为相，时李宗闵犹在政府，百计阻之，不获。七年二月，以德裕同平章事。是时给事中杨虞卿与从兄中书舍人汝士等善交结，依附权要，上闻而恶之。德裕入谢，上因与之论朋党事。德裕对曰："人才惟邪正两途，正必去邪，邪必害正，而其辞皆若可听，在人君深察而进退之。不然，二者并进，虽圣贤经营，无由成功也。"他日，上从容晏见宰相，德裕、宗闵俱在侧。上复语及党事，宗闵曰："臣素知之，故若虞卿、汝士辈，皆未尝授以美官。"德裕曰："给舍非美官而何？"宗闵失色。初，郑覃以经学事上潜邸，及即位，仍诏侍讲禁中。覃天性鲠直，恒因辨论经义，引伸及时事。宗闵闻而恶之，因事罢其侍讲职。一日，上从容语宰相曰："殷侑经术，颇似郑覃。"宗闵对曰："覃、侑经术诚可尚，然其论议时政，实不足听。"德裕曰："覃、侑之议论，众人皆不欲闻者，以其有所不便耳。陛下独喜闻之，天下幸甚。"后旬日，禁中宣出，径拜覃御史大夫。宗闵语枢密使崔潭峻曰："事皆宣出，安用中书。"潭峻曰："八年天子听其自行事亦可矣。"宗闵愀然，始不自安。是年六月，罢为山南西道节度使，以王涯同平章事。

第四节　李训、郑注专政时代太和七年九月，注始进；八年十月，训为翰林侍读学士，九年五月入相，十一月事败，约二年有奇

甘露之变

文宗素患宦官强盛，太和四年七月，以宋申锡同平章事，密谋诛之。申锡引王璠为京兆尹，以密旨谕之。璠泄其谋。中尉王守澄与其党郑注使人诬告申锡，谋立帝弟漳王凑。帝信之。五年三月，贬凑为巢县公，申锡为开州今四川东川道开江县司马，坐死徙者数十百人。注依附守澄，权势熏灼，上深恶注，欲罪之。守澄庇之，得免。七年九月，拜右神策判官。帝得风疾，饮注药，颇有验，由是有宠。注引李训见守澄，守澄荐之于帝，有宠。是为甘露之变之张本人。

李训者，本名仲言，逢吉从子，八关十六子之一也。敬宗宝历元年，以罪流象州，今广西柳江道象县至是遇赦，还东都。时逢吉为东都留守，思复入相，训自言与郑注善，逢吉使训厚赂注。注引训见王守澄，守澄荐之于帝。训仪状秀伟，倜傥尚气，颇工文辞，有口辩，多权数，上见之，大悦，欲以为谏官，置之翰林。李德裕以训奸邪，不宜置之宫禁，力争。王涯希帝旨，以为可用。上因此不满意于德裕。给事中郑肃、韩佽封还诏书。德裕出中书。涯谓二人曰："李公适留语，令二阁老不用封敕。"二人即行下。德裕闻之，大惊曰："有司封驳，岂复禀宰相意耶！"

训、注合谋以排德裕，引李宗闵以敌之。八年十月，召宗闵还京，为中书侍郎同平章事，罢德裕为山南西道节度使。同日，以训为翰林侍读学士。训、注德王璠，引为尚书左丞，复媒孽德裕。初，德裕镇浙西，漳王傅毋、杜仲阳坐宋申锡事放归金陵，诏德裕存问之。至是王璠等奏德裕厚赂仲阳，阴结漳王，图为不轨。上大怒，以德裕为宾客分司九年四月，再贬为袁州今江西庐陵道宜春县长史。宰相路隋力争，上不悦，罢隋为镇海节度使，以贾𫗧同平章事。时德裕、宗闵，各有朋党，互相挤援。上患之，每叹曰："去河北贼易，去朝中朋党难。"注求为两省官，李宗闵不许，注毁之于上。是年六月，贬宗闵明州今浙江会稽道鄞县刺史，再贬处州今浙江瓯海道丽水县长史，三贬潮州今广东潮循道潮安县司马。京城讹言郑注为上合金丹，须小儿心肝。注恶京兆尹杨虞卿，与李训共构之，云此语出于虞卿家人。上怒，下虞卿狱。宗闵救之，上怒叱出贬之训、注为上画太平之策，以为当先策除宦官，次复河湟，今甘肃西部黄河上流及西宁河、大通河流域，

即唐陇右河西地次清河北，开陈方略，如指诸掌。上以为信，宠任日隆，旋以注为翰林侍读学士。学士李珏尝短注于上，至是贬江州刺史。时训、注所恶，皆目为二李之党，贬逐无虚日，班列殆空。

自宋申锡获罪以后，宦官益横，上不能堪。训、注揣知上意，数以微言动上。上意其可与谋大事，遂密以诚告之。训、注遂以诛宦官为己任。二人言无不从，声势烜赫。外人但知训、注倚宦官作威福，不知其与上有密谋也。上之立也，宦官仇士良有功，王守澄抑之，由是有隙。训、注为上谋，进擢士良以分守澄之权。九年五月，擢士良为左神策中尉；七月，进守澄神策观军容使，阳尊以虚名，实夺之权。旋遣中使就第赐酖，杀之。人皆快守澄之受佞，而疾训、注之阴狡。寻以注为凤翔节度使，舒元舆与训同平章事，谋中外协势以诛宦官。上惩二李朋党，以贾𫗧及元舆皆孤寒新进，故擢为相，庶其无党。元舆为中丞，凡训、注所恶者，则为之弹击，故二人引以为相。𫗧性轻躁褊率，与德裕有隙，而善于宗闵、郑注，故得为相训起流人，期年致位宰相，天子倾意任之，天下事皆决于训。王涯辈承顺风旨，惟恐不逮。

训以郭行余镇邠宁，王璠镇河东，使多募壮士为部曲，以罗立言知京兆府事，韩约为金吾卫大将军，与御史中丞李孝本谋诛宦官。宰相惟舒元舆预谋，王涯、贾𫗧不知也。是年十一月壬戌，上御紫宸殿，百官班定，约奏在金吾厅事后，石榴有甘露。宰相帅百官称贺，训劝帝往观。帝命宰相视之，训还奏非真；帝顾仇士良，令帅诸宦者往观。宦者既去，训召行余、璠受敕，璠股栗不敢前，独行余拜殿下。时二人部曲数百，皆执兵立丹凤门外。训召之入。士良等至左仗，约变色流汗，士良怪之。俄风吹幕起，执兵者甚众，士良等惊走，诣上告变。训呼金吾卫士上殿卫乘舆，宦者即举软舆迎上，决殿后罘罳，疾趋北出。罗立言帅京兆逻卒，李孝本帅御史台从人，登殿纵击宦者，死伤者十余人。训知事不济，走马而出。王涯、贾𫗧、舒元舆还中书。士良等命神策兵出战，杀吏卒二千余人，执王涯、贾𫗧、舒元舆、王璠、郭行余、罗立言、李孝本、韩约等，诬以谋叛，皆斩之。训奔凤翔，途中为人所杀。郑注率亲兵五百来应援，中途闻训败，走还凤翔。监军张仲清伏兵杀之，皆夷其族。世谓之甘露之变。士良知上预谋，怨愤出不逊语。上惭惧，不复言。数日之间，杀生除拜，皆决于中尉，上不豫知。自是以后，宦官气焰益盛，迫胁君主，陵暴朝士，国事皆决于中尉，宰相奉行文书而已。

第五节　郑覃、陈夷行、杨嗣复、李珏倾轧时代

甘露之变以后，郑覃、李石、李固言、陈夷行相继入阁。石忠方正亮，忘身殉国，故纪纲粗立。仇士良嫉石，潜遣盗刺之。石不得已，上表逊位。固言与杨嗣复、李珏善，引二人入阁，以排覃、夷行。每议政之际，是非蜂起，上不能决。太和九年十一月，覃、石入相。开成元年四月，固言入相。二年四月夷行入相。二年十月固言罢。三年正月嗣复、珏入相，石罢自李训败后，凡所指为二李之党者，皆稍稍复其官，迁李德裕为滁州今安徽淮泗道滁县刺史，俄复太子宾客，分司东都，复授浙西观察使。学士黎埴顿首言："德裕与宗闵同被逐，德裕独三进官，宗闵至今尚在海滨，不足以示大公。"上曰："宗闵尝荐郑注，而德裕欲杀之。今当以官与何人耶？"埴惧，不敢复言。迁李宗闵为衡州今湖南衡阳道衡阳县司马。嗣复为仆射于陵之子，其父曾因李吉甫左迁，又与牛僧孺、李宗闵皆为权德舆贡举门生，情义相得。僧孺、宗闵辅政时代，屡援进嗣复与珏，至是嗣复欲援进宗闵。恐为覃所阻，乃先令宦官讽上。上以语宰相，覃、夷行皆以为宗闵纤人，向以明党乱政，不当再用。嗣复与珏力争，乃迁宗闵为杭州刺史。次年，擢德裕为淮南节度使，代牛僧孺。

覃笃于经术，性清俭，上甚重之。夷行亦耿介，嗣复等深疾之。会上与宰相论政事，夷行言："不宜使威权在下。"珏曰："夷行意疑宰相中有弄陛下威权者。臣屡求退，苟得王傅，臣之幸也。"覃曰："陛下开成元年二年，政事殊美，三年四年，渐不如前。"嗣复曰："元年二年，覃、夷行用事；三年四年，臣与珏同之，罪皆在臣。"因叩头曰："臣不敢更入中书。"因趋出，上召还劳之。嗣复曰："覃言政事一年不如一年，非独臣应得罪，亦上累圣德。"退三表辞位，上为所动，乃于开成四年五月，罢覃与夷行，而专用嗣复与珏。

第六节　李卫公当国时代

一、卫公之援救敌党　郑覃、陈夷行既罢相，杨嗣复欲引进李宗闵。是时文

宗病已笃，未及进用。五年正月，帝崩，仇士良援立武宗。武宗之立非宰相意，嗣复与珏相继罢相，征李德裕为门下侍郎、同平章事，陈夷行、李绅相继入阁，是为李党全盛时代。五年五月嗣复罢，八月珏罢，九月德裕入相，会昌元年三月夷行入相，二年二月绅入相德裕入谢，言于上曰：“致理之要，在于辨群臣之邪正。正人指邪人为邪，邪人亦指正人为邪，人主辨之甚难。臣以为正人如松柏，特立不倚；邪人如藤萝，非附他物不能自起，故正人一心事君，而邪人竞为朋党。先帝深知朋党之患，然所用卒皆朋党之人，良由执心不定，故奸邪得乘间而入也。陛下诚能慎择贤才以为宰相，有奸罔者立黜去之，常令政事皆出中书，推心委任，坚定不移，则天下何忧不理哉！”上嘉纳之。

知枢密刘弘逸、薛季棱有宠于文宗，仇士良恶之。上之立非二人及宰相意，故杨嗣复、李珏既罢，士良屡谮弘逸等，劝上除之。会昌元年三月，赐弘逸、季棱死，遣中使就诛嗣复、珏。李德裕、陈夷行率宰相三上表，请开延英赐对，涕泣极谏，上乃免二人死，皆贬远州刺史。

二、制驭宦官　初，仇士良得罪于文宗，故援立帝，负定策之功，谓上必以政事委之。及上即位，专任德裕，事无大小，悉出中书，士良以是恶德裕。会昌二年，上受尊号，将御楼宣赦。士良扬言于众曰：“宰相与度支，议减禁军衣粮刍粟。”以为如此，则军士必于楼前喧哗，可以归罪宰执。德裕闻之，自诉于上。上怒，遽遣中使宣谕两军，初无此事，且赦出朕意，非由宰相。士良乃惶愧称谢。三年四月，德裕以执政日久，嫌怨所归，累上疏乞闲居。上曰：“卿每辞位，辄使我旬月不得所。今大事尚皆未就，卿岂可求去耶！”德裕乃不敢言。是时刘稹作乱，上欲增置宰相一人，使与德裕分劳，俾德裕专任大事。是年五月，夜召翰林学士韦悰，以崔铉名授之，令草制。翊日，拜相，宰相、枢密皆不之知。时枢密使刘行深、杨钦义皆愿悫，不敢与事，老宦者皆尤之曰：“杨刘怯懦，堕败旧风，使我辈不得与闻朝政。”上外尊宠士良，内实忌之。士良郁郁不得志，是年六月，遂以老病乞休，藉觇上意。上知其诈，遽允之。其党送之归第，士良戒之曰：“天子不可令闲，常宜以奢靡，娱其耳目，使日新月盛，无暇更及他事，然后吾辈可以得志。慎勿使之读书，亲近儒生，彼见前代兴亡，心知忧惧，则吾辈疏斥矣。”其党拜谢而去。

三、收复幽燕　先是敬宗宝历二年，幽州军乱，都将李载义诛朱克融父子，上书请命。诏以载义为卢龙节度使。载义本唐宗室，输忠于国。文宗太和元年，权知横海军务李同捷节度使李全略之子作乱，载义发兵助官军讨平之。魏博叛将史宪诚与同捷为姻家，屡遣使诱载义，载义不听，文宗甚宠任之。太和五年正月，卢龙将杨志诚作乱，逐载义，帝急召宰臣问计。是时牛僧孺当国，对曰："此不足烦圣虑。范阳得失，与国家何关？自安史以来，久非王土。刘总以九州之地归国，朝廷费钱八十万缗，而无丝毫所获。今日志诚得之，犹前日载义得之也。因而抚之，使捍北狄，不必计其逆顺。"上从之，以载义恭顺有功，拜太保，以志诚为留后。

志诚既得志，跋扈滋甚。牛僧孺、李宗闵当国，一以姑息处之。文宗太和八年，幽州军乱，逐志诚，推史元忠主留务。元忠献志诚所造衮衣僭物。是时僧孺、宗闵罢相，李德裕当国，因诛志诚以警其余。德裕旋去职，宗闵复入相，一意姑息，乃以元忠为卢龙节度使。武宗会昌元年，卢龙军复乱，杀元忠，推牙将陈行泰主留务，表求节钺。上召宰相谋之，德裕曰："河朔事势，臣所熟谙。比来朝廷遣使太速，故军情遂固，若置之数月不问，必自生变。今请勿遣使以观之。"既而军中果杀行泰，立张绛，复求节钺，朝廷亦不问。雄武军使张仲武起兵击绛，且遣军吏吴仲舒奉表以闻。诏宰相问状，仲舒言行泰、绛皆游客，故人心不附；仲武幽州旧将，性忠义，通书习事，人心向之。计今军中已逐绛矣。德裕问："雄武士卒几何？"对曰："军士土团合千余人。"德裕曰："兵少何以立功？"对曰："在得人心，不在兵多。"又问："万一不克，如何？"对曰："幽州粮食，皆在妫州今口北道怀来县及北边七镇，万一未能入，则据居庸关，绝其粮道，幽州自困矣。"德裕奏："行泰、绛皆使大将上表，胁朝廷，邀节钺，故不可与；今仲武表请讨乱，与之有名。"乃以仲武知卢龙留后。仲武寻克幽州，遂除节度使。其后仲武克效臣节，屡树边功，为河北诸镇冠。

四、平定回鹘　是时回鹘已衰，黠戛斯击其兵，大破之，杀其可汗盍驭。回鹘南窜，侵略天德今绥远区五原县振武，今绥远区归绥县河东震动。德裕选将练兵以备回鹘，遣使招徕黠戛斯，处置得宜，于是黠戛斯上书，修藩臣礼。回鹘为黠戛斯所逼，余众陆续破灭，降唐者甚众。是时吐蕃已衰，仅能自保，不复东侵，于是唐室威行塞外。会昌三年，德裕追论维州之事，赠悉怛谋右卫将军。

五、平定昭义　是年四月，昭义节度使领泽潞磁邢洺五州，治潞州，今山西冀宁道长治县即故潞安府治刘从谏卒。从谏者，故昭义节度使刘悟之子。悟旧为平卢都知兵马使，以诛叛将李师道功，荐擢节度使。穆宗长庆二年，昭义监军刘承偕恃恩陵轹悟，阴与磁州刺史张汶谋执悟，以汶代之。谋泄，悟杀汶，囚承偕。上诏悟送承偕诣京师，悟迁延不奉诏。上问宰相裴度宜如何处置，度请下诏书，令悟斩承偕。上游移不忍，乃流承偕于远州，加悟检校司徒。自是悟浸骄，欲效河北三镇，招聚不逞，章表多不逊。敬宗宝历元年，悟卒，从谏匿其丧，谋以悟遗表，求为留后。司马贾直言切责之，乃发丧。朝廷得悟遗表，令群臣集议。左仆射李绛上疏，请“乘其人情未一，速除近泽潞一将，充昭义节度使，令兼程赴镇。续除从谏一刺史，从谏既粗有所得，必且择利而行，万无违拒”。时宰相李逢吉当国，与知枢密王守澄谋，不用绛议，授从谏为留后，次年，除节度使。从谏以忠义自任，文宗太和六年十二月，入朝，欲请他镇。时牛僧孺、李宗闵当国，朝廷事柄不一，又士大夫多请托，从谏心轻朝廷。七年正月，加从谏同平章事，遣归镇，于是从谏益骄。是年七月，宣武阙帅，时李德裕为宰相，请徙从谏镇之，因拔出上党，不使与山东连结。上以为未可，乃止。甘露之变，从谏上表，请王涯等罪名。仇士良惧，加从谏检校司徒。从谏复表让官，因暴扬士良等罪恶。士良惮之，稍自戢。由是宰相郑覃、李石粗能柄政，天子倚之，亦差以自强。士良亦言从谏窥伺朝廷，由是从谏与朝廷积相猜恨，遂招纳亡命，缮完兵城，谋效河北诸镇。至是从谏卒，犹子稹自为留后，要求节钺。群臣以回鹘余烬未灭，复讨泽潞，国力不支，欲许之。李德裕曰：“泽潞事体，与河朔三镇不同。河朔习乱已久，累朝置之度外；泽潞近处心腹，若又因而授之，则威令不复行于诸镇矣。”上曰：“卿以何术制之？”对曰：“稹所恃者三镇，但得镇、魏不与之同，则稹无能为也。若遣重臣往谕王元逵、成德节度使何弘敬，魏博节度使以河朔自艰难以来，列圣许其传袭，已成故事，与泽潞不同。今将加兵泽潞，不欲更出禁军，其山东三州，委两镇攻之，贼平之日，将士并当厚加官赏。苟两镇听命，不从傍沮挠官军，则稹必成擒矣。”上悦，从之，命德裕草诏赐元逵、弘敬曰：“泽潞一镇，与卿事体不同，勿为子孙之谋，欲存辅车之势，但能显立功效，自然福及后昆。”元逵、弘敬得诏书，悚息听命，遂与官军连兵进讨。先是河北诸镇有自立者，朝廷必先有吊祭使、册赠使、宣慰使继往商度，然后用兵。故常及半岁，军中得以为备。至是宰相亦欲遣使，上即下诏讨之

会昌四年正月，河东都将杨弁作乱，逐节度使李石，据军府，与刘稹连合抗官军。朝议喧然欲罢兵，德裕不可。诏遣中使马元实至太原晓谕，且觇之。元实受贼赂，还言其强盛难取。德裕奏：“微贼决不可恕，如国力不支，宁舍刘稹。”

乃诏河东兵马使王逢，以易定、汴、兖兵还讨贼。河东兵戍榆社县名，旧属山西辽州，今属冀宁道者，闻朝廷令客军取太原，恐妻孥被屠，乃拥监军自取太原，擒杨弁，并其党送京师。斩之，河东平。

诸将合兵攻昭义，屡破刘稹兵。是年八月，邢洺磁三州守将相继降于官军，潞人大惧，稹将郭谊、王协杀稹以降，泽潞平。上问宰相何以处谊，德裕对曰："刘稹騃孺子耳，阻兵拒命，皆谊为之谋主，及势孤力屈，又卖稹以求赏，此而不诛，何以惩恶！"上从之，并诛谊、协，加德裕太尉，赐爵卫国公，以酬其功。德裕追论牛僧孺、李宗闵当国时养痈成疽之罪，贬僧孺循州今广东潮循道惠阳县长史，流宗闵于封州。今广东粤海道封川县

初，德裕以比年将帅出征屡败，其弊有三，一、诏令下军前者，日有三四，宰相多不预闻；二、监军各以意见指挥军事，将帅不得专进退；三、每军各有宦者为监使，悉选军中骁勇数百为牙队，其在战阵斗者皆怯弱之士，每战视事势小却，辄引旗先走，阵从而溃。德裕乃与枢密使杨钦义、刘行深议，约敕监军不得预军政；每兵千人，听取十人自卫，有功，随例沾赏。二枢密皆以为然，白上行之。自非中书进诏意，更无他诏自中出者。号令既简，将帅得以施其谋略，故所向有功。元和后，数用兵，宰相或不休沐，或继火乃得罢。德裕从容裁决，率午漏下还第，沛然若无事时。河北三镇每遣使者至京师，德裕常面谕之曰："河朔兵力虽强，不能自立，须藉朝廷官爵威命，以安军情。语汝使，与其使大将邀敕使以求官爵，何如自奋忠义，立功立事，结知明主。且李载义前卢龙节度使为国家平沧景，及为军中所逐，不失作节度使；杨志诚遣大将遮敕使马求官，太和七年事及为军中所逐，朝廷竟不赦其罪，太和八年德裕当国时代事此二人祸福足以观矣。"由是三镇不敢有异志。

第七节　两党党魁之末路

是时李逢吉、文宗太和九年卒裴度、文宗开成四年卒郑覃武宗会昌二年卒已卒，陈夷行、会昌三年卒李绅同四年罢相六年卒亦以病罢相，相继物故。李德裕以首辅当国日久，

好徇爱憎，人多怨之。左右言其太专，上亦不悦。六年三月，武宗崩，宦官奉宪宗幼子光王忱即位，是为宣宗。宣宗性聪察，忌德裕功高望重，是年四月，罢为荆南节度使，以白敏中同平章事。敏中者，元和长庆间名臣白居易之从弟。武宗即位之初，欲以居易为相，德裕素不满意于居易，乃言“居易衰病，不任朝谒，其从弟敏中，辞学不减居易，且有器识”。乃以敏中为翰林学士，荐擢宰相。至是乘上下之怒，与其党翰林学士令狐绹等，竭力排德裕。是年九月，左迁为东都留守，旋降为太子少保，分司东都。复使其党前永宁尉吴汝纳讼德裕罪。次年，宣宗大中元年贬德裕潮州司马，旋贬厓州今广东琼崖道崖县司户，追夺李绅三官。大中三年十二月，德裕卒于厓州，年六十三。

李德裕罢相以后，朝廷徙牛僧孺为衡州长史，李宗闵为郴州今湖南衡阳道郴县司马。宗闵未离封州而卒。僧孺旋迁太子少师，未几，亦卒。大中二年，征杨嗣复为吏部尚书，李珏为户部尚书。嗣复自潮州北还，至岳州今湖南武陵道岳阳县卒。七年，珏迁淮南节度使，亦卒。于是牛李党魁俱亡，中央政局始稍平稳矣。

第五章
北宋中叶以后新旧党之竞争

第一节　北宋党祸成立之原因

政党之为物，产于政治进化以后。国之有政党，非其可吊者，而其可庆者也。虽然，有界说焉。一曰政党惟能生存于立宪政体之下，而与专制政体不相容；二曰为政党者，既宜具结党之实，而尤不宜讳结党之名；三曰其所辨争者，当专在政治问题，而宫廷问题，及个人私德问题，皆不容杂入其间。若宋之所谓党，举未足以语于是也，吾故不能名以政党，仍其旧名曰朋党而已。宋室朋党之祸，虽极于元祐、绍圣以后，而实滥觞于仁宗、英宗二朝。其开之者，则仁宗时范吕之争；其张之者，则英宗时之濮议。及神宗时，王安石创行新法，旧党肆行攻击，附和安石者，复逢迎新党，反对旧党，两相排挤，而其祸成矣。中国前此之党祸，若汉之钩党，唐之牛李党；后此之党祸，若明之东林党，复社党，皆可谓之以小人陷君子。惟宋之党祸不然，其性质复杂而极不分明，无智愚贤不肖，悉自投于蜩螗沸羹之中。一言以蔽之，曰士大夫以意气相竞而已。推原宋代朋党之祸，所以特盛之原因有二，一由于右文而贱武；二由中央集权，太过其度。太祖之政策，既务摧抑其臣，使不得以武功自见，怀才抱能之士，势不得不尽趋于从政之一途。而兵权、财权悉集中央，牧民之司，方面之寄，以为左迁贬谪，或耆臣优养之地，非如汉之郡守国相，得行其志，以有所树立，且严其考成黜陟，使人知所濯磨也。是故秀异之士，欲立功名者，群走集于京师。而彼时之京师，又非如今世立宪国之有国会，容多士以驰骋之余地也。所得与于国政者，仅有二三宰执，其次则少数之馆职台谏，为宰执升进之阶者也。夫以一国之大，人才之众，而惟此极少极狭之位置，可以为树立功名之凭藉，则其相率而争之，亦固其所。故有宋一代之历史，谓之争夺政权之历史可也。不肖者固争焉以营其私，即贤者亦争焉以行其志。争之既急，意气自出乎其间。彼此相诋，而以朋党之名加人。于是新旧党倾轧之祸，遂与北宋相终始矣。

第二节　郭后之废与范吕之争

宋仁宗之初即位也，立郭氏为皇后。时张美人有宠，帝欲立之。嫡母庄献明肃太后刘氏临朝，持不可，乃止。故后虽立而颇见疏。明道二年仁宗十一年三月，太后崩，帝始亲政，与首相吕夷简谋，以枢密使张耆、参知政事夏竦等，皆附太后，欲悉罢之。夷简以为然。帝退以语皇后，后曰："夷简独不附太后耶？但多机巧，善应变耳！"由是夷简亦罢。夷简由此深憾后。时尚美人、杨美人俱有宠，数与后忿争。一日，尚氏于帝前有侵后语，后不胜忿，批其颊；帝自起救之，误批帝颈。内侍阎文应素与夷简善，因与帝谋废后，且劝帝以爪痕示执政。时夷简复入中书，欲乘隙报宿憾，遂主废黜之议。帝犹疑之，夷简曰："光武汉之明主也，郭氏止以怨怼坐废，况伤陛下颈乎？"帝意遂决。夷简先敕有司，毋得受台谏章奏；是年十一月，下诏称皇后愿入道，封净妃，玉京冲妙仙师，居长宁宫。御史中丞孔道辅、右司谏范仲淹等十人，诣垂拱殿，伏奏："皇后天下之母，不当轻废。愿赐对尽所言。"殿门阖，不为通。道辅扣镮大呼曰："皇后被废，奈何不听台臣言！"有诏，令夷简谕以皇后当废状。道辅等至中书，切责夷简。夷简不能答，即奏言伏阁请对，非太平美事，遂黜道辅知泰州，今江苏淮扬道泰县仲淹知睦州，今浙江金华道建德县，即故严州府余罚金有差。明日，道辅等趋朝，欲留百官揖宰相廷争，至待漏院，闻诏，乃退。签书河阳判官富弼上言："朝廷一举而两失，纵不能复后，宜还仲淹等。"不听。次年景祐元年八月，出后居瑶华宫，立曹氏为皇后。后居瑶华久，帝颇念之，遣使存问，赐以乐府，后和答之，辞甚凄惋。帝内愧，尝密遣人召之。后辞曰："若再见召，须百官立班受册方可。"文应以尝谮后，惧其复立。景祐二年十一月，属后小疾，帝遣文应挟医诊视。数日，后暴崩。中外疑文应进毒而不得其实。帝深悼之，追复后号，以礼殓葬。时范仲淹已召还知开封府，劾奏文应之罪，窜之岭南，死于道。

仲淹以吕夷简当国，进用多出其门，乃上百官图，指其次第曰："如此为序迁，如此为不次，如此则公，如此则私，况进退近臣，凡超格者，不宜全委之宰相。"夷简不悦。他日论建都之事，仲淹进曰："洛阳险固，而汴为四战之地，太平宜居汴，即有事必居洛阳。当渐广储蓄，缮宫室。"帝以问夷简，夷简谓"仲淹迂阔，务名无实"。仲淹闻之，乃为四论以献，大抵讥切时弊。夷简诉仲淹越职言事，景祐三年五月，黜知饶州。今江西浔阳道鄱阳县集贤校理余靖、馆阁校勘尹洙上书争之，俱坐贬。馆阁校勘欧阳修贻书司谏高若讷，责其不谏。若讷上其书，修亦坐贬。馆阁校勘蔡襄作四贤一不肖诗，以誉仲淹、靖、洙、修而讥若讷，都人传诵，鬻书者市之，得厚利。御史韩缜希夷简旨，请以仲淹朋党榜示朝堂，戒百官越职言事，从之。四年十二月，地震，直史馆叶清臣因上书为仲淹等申理，仲淹等皆得近徙。谗者恐仲淹复用，遽诬以事，帝怒，亟命置之岭南。中外论荐仲淹者众，帝不悦，次年宝元元年十月，诏戒百官朋党。

已而西夏赵元昊反，侵略陕西州郡，边事日急。越二年，康定元年知谏院富弼上书，请除越职言事之禁，诏从之。知制诰韩琦奉诏安抚陕西，请起范仲淹为大将，诏以仲淹知永兴军，今陕西关中道长安县旋以夏竦为陕西经略安抚诏讨使，琦与仲淹副之，经略陕西。

第三节　庆历党议

越四年，庆历三年吕夷简以病请老，诏增置谏官，以欧阳修、王素、蔡襄知谏院，余靖为右正言。修等论事切直，小人不便。时元昊已请和，乃召夏竦为枢密使，修等交章，"论竦在陕西畏懦，不肯尽力，兼之挟诈任术，奸邪倾险"。中丞王拱辰亦言，"竦经略西师，无功而归，今置之二府，何以厉世"？乃罢竦，而以杜衍为枢密使。

是年四月，召韩琦、范仲淹还朝，拜枢密副使，旋以范仲淹参知政事，富弼为枢密副使，群贤满朝。国子监直讲石介喜曰："此盛事也。"乃作《庆历圣德诗》曰："众贤之进，如茅斯拔；大奸之去，如距斯脱。"大奸盖指竦也。介师国子监直讲孙复曰："介祸始于此矣。"仲淹闻之，亦谓韩琦曰："为此鬼怪辈坏事也。"

仲淹既就职，上书陈十事。弼亦上当世之务十余条，大约以进贤，退不肖，止侥幸，去宿弊，欲渐易监司之不才者，使澄汰所部吏，于是小人始不悦。帝方锐意求治，数召辅臣条对。仲淹才兼文武，有大节，尝曰："士当先天下之忧而忧，后天下之乐而乐。"于是与弼日夜谋虑，欲革弊政，选台省名臣为诸路转运使，罢黜监司之不才者，更定磨勘法参观《通鉴辑览》卷七十五庆历三年十月更定磨勘条下及荫子法，参观同年十一月更定荫子法条下诏天下州县立学，行科举新法。参观同书同卷庆历四年三月诏天下州县立学行科举新法条下于是侥幸者多不便，腾谤于朝，而朋党之论滋不可解。先是石介奏记于弼，责以行伊周之事，夏竦怨介斥己，又欲因以倾弼等，乃使女奴阴习介书，改伊周曰伊霍，且伪作介为弼撰废立诏草，飞语上闻。帝虽不信，而弼与仲淹皆恐惧不自安，适闻契丹伐夏，遂请行边。次年庆历四年六月，出仲淹为陕西河东宣抚使。八月，出弼为河北宣抚使。介不自安，亦请外出，为濮州通判。是年九月，以杜衍同平章事。衍务裁侥幸，每有内降，率寝格不行，积诏旨至十数，辄纳帝前。帝尝语欧阳修曰："外人知杜衍封还内降耶？凡有求于朕，每以衍不可告而止者，多于所封还也。"仲淹、弼既出宣抚，攻之者愈众，衍独左右之，于是群小皆嫉衍；会衍婿监进奏院苏舜钦用鬻故纸钱祠神，且以妓乐娱宾，集贤校理王益柔于席上戏作傲歌，御史中丞王拱辰闻之，以二人皆仲淹所荐，欲因以倾衍及仲淹，乃讽御史鱼周询等举劾其事，请诛益柔；枢密使贾昌朝阴主其议。韩琦劝帝不宜深究，帝感悟，乃从轻典，黜益柔，除舜钦名，同席被斥者十余人，皆知名之士。同平章事章得象、参知政事陈执中复谮衍等。五年正月，罢衍知兖州，仲淹知邠州，弼知郓州。韩琦上书请留衍等，不报，琦乃请外。是年三月，罢琦知扬州。河东转运使欧阳修上书，称衍等贤，不宜罢黜，左迁修知滁州。于是仲淹所定磨勘、荫子及科举新法俱罢。

是年十一月，滁州狂人孔直温谋反，伏诛。搜其家，得石介书，并所遣孙复诗。时介已卒，宣徽南院使夏竦怨介，欲乘隙报之，因言："介诈死，乃京东安抚使富弼遣介结契丹起兵，期以一路兵为内应。请发介棺验之。”诏下兖州访介存亡。杜衍以阖族保介必死；提刑吕居简亦言，无故发棺，何以示后？乃免发介棺。罢弼安抚使，贬孙复监虔州酒税，羁管介子孙于他州。

第四节 濮议

仁宗无子，养太宗曾孙宗实为皇子，赐名曙。嘉祐八年，帝崩，曙即位，是为英宗，尊皇后曹氏为皇太后，群臣并进爵秩，宗室故诸王亦加封赠。是时帝本生父濮安懿王允让已卒，宰相韩琦、曾公亮等，以为不可与诸王同列，请下有司议崇奉典礼。有旨，宜俟服除，其议遂格。

治平二年四月，上既释服，乃下其奏，诏礼官与待制以上详议。知谏院司马光立议曰：“为人后者为之子，不得顾私亲。若恭敬之心分于彼，则不得专于此。秦汉以来，帝王有自旁支入承大统者，或推尊其父母以为帝后，皆见非当时，取讥后世。臣等不敢引以为圣朝法。窃以为濮王宜准先朝封赠期亲尊属故事，尊以高官大国。”中书奏：“赠官及改封大国，当降制行册命，而制册有式，濮王当称何亲，名与不名？”翰林学士王珪等又议曰：“濮王于仁宗为兄，宜称皇伯而不名。”参知政事欧阳修驳之曰：“《丧服大记》云，为人后者，为其父母降服，而不没父母之名。以见服可降而名不可没也。若本生之亲改称皇伯，历考前世，皆无典据；进封大国，则又礼无加爵之道。请下尚书，集三省御史台详议。”礼官范镇等坚请必行皇伯之议，其奏留中。侍御史吕诲、范纯仁、监察御史吕大防等，固执珪议，章七上而不报，遂劾韩琦专权导谀，又劾欧阳修首开邪议，而韩琦、曾公亮等附会不正，乞皆贬黜，不报。

三年正月，太后手诏，命帝称濮王为亲，立园庙。吕诲等以所论奏不见听，遂辞台职，且言琦结交中官，惑乱皇太后。又指修为首议之人，乞行诛戮以谢祖宗。帝屡加慰留，诲等不听，且言与辅臣势难两立。帝不得已，命各以原官出补外职，诲知蕲州，纯仁通判安州，大防知休宁县。时赵鼎、赵瞻、傅尧俞使辽还，以尝与诲言濮王事，即上疏乞同贬，乃出鼎通判淄州，瞻通判汾州。帝眷注尧俞，除侍御史，尧俞不可，乃出知和州。知制诰韩维及司马光皆上疏乞留诲等，不报，遂请与俱贬，不许。侍读吕公著亦上书，谓不宜屡黜言者，帝不听，公著乞补外，出知蔡州。

第五节　神宗变法之动机

一、人才之消极　晚唐初宋之交，其吾国强弱之所分，而人才升降之会乎？唐之治近于古，宋之治近于今；唐之国势屡挫而终强，宋之国势愈趋而愈弱。治功之张弛，实相臣之贤否为之。唐之治也，其君子皆自奋于功名；宋之治也，其君子多归洁于独善。其故何哉？太宗以超世之神略，刈群雄而一海宇，合天下之才杰，举不足以尚之，故其用人也，常虑其不及，而不防其太过，任贤举能，垂为家法，终唐室三百年，贤相名卿，项背相望，作人之效，有自来矣；宋艺祖之取天下也，侥幸于寡妇孤儿之手，常虑人之效尤而起，故其用人也，不必有奇杰出众之才，但取其束身寡过而已，而又多立之制以防闲之；创业之始，既如此矣，三百年间，酿成风俗。道德之儒多，而功名之士少；守经之人众，而应变之才寡，于是迂儒曲士，文人墨客，相率执宫廷细故、朝廷末节，摇唇鼓舌，拖笔弄墨，龂龂以争。盈廷不得志之徒，相与附和之，以为天下之事，莫大于此。区区濮议一案，遂致历时经年，全国耸动。韩忠献、欧阳文忠公之徒，皆以一代名贤，被指为大奸巨憝，台谏相率请斩韩琦、欧阳修以谢先帝。而当时主张称皇伯最力之司马光、范镇，攻击韩、欧阳最力之吕诲、吕大防、范纯仁，附和之傅尧俞、韩维、吕公著等，皆后来反对新法最力，当代目为大贤者也。全国士大夫精神，皆集中于此等无聊举动，而于国家根本大计划，则除去范文正公以外，朝野上下，无贵无贱，皆不注意。古所谓坐井观天，管中窥豹者，宋儒之眼光不过如此也。

二、兵之惰弱　宋室全盛时代，实在太祖、太宗、真宗、仁宗、英宗之时，顾衰亡之机已伏于当日。宋当建国之始，辽已稍濒于弱，而夏尚未底于强，使宋之兵力稍足以自振，其于折棰以鞭笞之也，宜若非难，顾乃养痈数十年，而卒以自敝者，则太祖独有之心法，务弱其兵、弱其将以弱其民使之然也。募兵之恶法，虽滥觞于唐，而实确定于宋。宋制，总天下之兵集诸京师，而其籍兵也以募，盖收国中犷悍失职之民而畜之；每乘凶岁，则募饥民以增其额。史家颂之曰："此扰役强悍，销弥争乱之深意也。"质而言之，实欲使天子宿卫以外，举国中无一强有力之人，所谓弱其民者此也。其边防要郡，须兵防守，皆遣自京师；诸镇之兵，亦皆戍更。将帅之臣，入奉朝请，兵无常帅，帅无长师。史家美之曰："上下相维，内外相制，等级相轧，虽有暴戾恣睢，无所厝于其间。"质而言之，则务使将与卒不相习，以防晚唐五代方镇自有其兵之患，所谓弱其将者此也。夫弱其民，弱其将，太祖之本意也；弱其兵，则非必太祖之本意也。然以斯道行之，则其兵势固不得以不弱。夫聚数十万犷悍无赖之民，廪之于太官，终日佚游，而累岁不亲金革，则其必日即于偷惰，而一无可用，事理之至易睹者也。况乎宋之为制，又沿朱梁盗贼之陋习，黥其兵使不得齿于齐民，致乡党自好之人，咸以执兵为耻。夫上既以不肖待之矣，而欲其致命遂志，以勠力于君国，庸可得耶？所谓弱其兵者此也。夫既尽举国之所谓强者，而以萃诸兵矣，而兵之至弱而不足恃也固若是，其将之弱又加甚焉，以此而驱诸疆场，虽五尺之童，犹知其无幸，而烽火一警，欲齐民之执干戈以卫社稷，更无望矣。积弱一致此极，而以摄乎二憾之间，其不能不靦颜屈膝，以求人之容我为君，亦固其所。

三、财之虚縻　国之大政，曰兵与财。宋之兵既若此矣，其财政则又何如？宋室以聚兵京师之故，举天下山泽之利，悉入天庾以供廪赐，而外州无留财。开国之初，养兵仅二十万，其他冗费亦不甚多，故府库恒有羡余。及太祖开宝之末，兵籍凡三十七万八千。太宗至道间，增至六十六万六千。真宗天禧间，增至九十一万二千。仁宗庆历间，增至一百二十二万九千。英宗治平间及神宗熙宁之初，数略称是。兵既日增，而竭民脂膏以优廪之。岁岁戍更就粮，供亿无艺。宗室吏员之受禄者，亦岁以增进。先是太祖初年，解功臣兵柄，类皆縻以高爵，优以厚禄，使之多积金钱，厚自娱乐，以消磨其跋扈骁雄之气。其结果也，不可不增官吏之俸禄，使之安其职，故有宋一代禄制之厚，为前后朝所无。又设奉祠俸禄以给致仕者，大约罢职者皆给之。又有荫子之制，文武之臣，准其职位之高卑，荫子孙亲族及异姓之亲门客等。功臣之死也，有得官至数十人者。对于降王之子弟亲族，亦以此等手段笼络之。太祖受周禅后，封周恭帝为郑王，子孙世袭，终有宋之世罔替；灭后蜀后，封后蜀后主孟昶为秦国公；灭南汉后，封南汉后主刘鋹为恩赦侯；灭南唐后，封南唐后主李煜为违命侯，其子弟近臣，多赐收录。太宗踵其辙而益加厚。吴越王钱弘俶之来归也，诏封淮海国王，官其子侄宗族亲臣数百人，其糜费帑藏可知矣。又每三岁一郊祀，赏赉之费，常五百余万。真宗景德中，郊祀七百余万，东封八百余万。祀汾上宝册，又百二十万。飨明堂，且增至一千二百万。又纳辽之岁币，景德初，每年银绢三十万；庆历初，增至五十万。赐夏之岁币，每年银绮绢茶，数亦不少。开宝以前，其岁出入之籍，不可详考。然至道末，岁入二千二百二十四万五千八百，犹有羡余。不二十年，至天禧间，则总岁入一万五千八十五万一百，总岁出一万二千六百七十七万五千二百。及治平二年，则总岁入一万一千六百十三万八千四百，总岁出一万二千三十四万三千一百，而临时费史称为非常出一千一百五十二万一千二百。夫宋之民非能富于其旧也，而二十年间，所输赋增益十倍，将何以聊其生？况乎嘉祐治平以来，岁出超过之额，恒二千余万，其将何以善其后也？

第六节　新党内阁之成立 陈升之、王安石内阁 王珪、蔡确内阁

当时内外形势之煎迫既已若是，而宋之君臣，所以应之者何如？真宗侈汰，斫丧国家之元气，不必论矣。仁宗号称贤主，而律以春秋责备贤者之义，则虽谓宋之敝始于仁宗可也。善夫王船山氏之言曰：

> 仁宗在位四十一年，解散天下而休息之。休息之是也，解散而休息之，则极乎弛之数，而承其后者难矣。岁输五十万于契丹，而俯首自名，犹曰纳以友邦之礼。礼元昊父子，而输缯币以乞苟安，仁宗弗念也。宰执大臣，

侍从台谏，胥在廷在野，宾宾啧啧，以争辩一典之是非。置西北之狡焉，若天建地设而不可犯。国既以是弱矣，抑幸无耶律德光、李继迁鸷悍之力，而暂可以赂免。非然，则刘六符虚声恐喝而魄已丧，使急起而卷河朔以向汴雒，其不为石重贵者几何哉？

平心论之，仁宗固中主而可以为善者也，使得大有为之臣以左右之，宋固可以自振。当时宰执，史称多贤，夷考其实，则凡材充物牣，而上驷殆绝。其能知治体有改弦更张之志者，惟范仲淹一人，然已以信任不专，被间以去。其余最著者，若韩琦、富弼、文彦博、欧阳修辈，其道德、学问、文章，类足以照耀千古；其立朝也，则于调燮宫廷，补拾阙漏，颇有可观，然不揣其本，而齐其末，当此内忧外患煎迫之时，其于起积衰而厝国于久安，盖未之克任。外此衮衮以及蚩蚩，则酣嬉太平，不复知天地间有所谓忧患，贾生所谓“抱火厝诸积薪之下，而寝其上，火未及然，因谓之安”也。英宗在位四年崩，神宗即位。神宗少有雄心，欲大攘四夷，恢张先烈。以为养兵奋武，不可不先聚财，而环顾朝臣，皆习故守，莫有能任其事者。素闻王安石之名，以问辅臣。宰相曾公亮力谏之。安石博学，善属文，有经世大略，欧阳修尝为之延誉，擢进士上第，仁宗召为度支判官。安石议论高奇，能以辨博济其说，慨然有矫世变俗之志，尝为万言书，痛论时政。至是召为翰林学士，会欧阳修、韩琦相继去位，熙宁二年二月，以富弼同平章事，安石参知政事。

安石既入政府，帝倾心任之。安石极力改革，实行富国强兵政策，廷臣多与之异议。其中悻悻自好、好立异同之士，自濮议以来，即专与政府为难者，若御史中丞吕诲、知谏院范纯仁等攻击尤力，往往讦及安石个人私德，甚有谓其“大奸似忠，大诈似信，外示朴野，中藏巧诈，骄蹇慢上，阴贼害物”者。上不得已，乃罢黜其攻击尤力者数人以儆其余。富弼与安石议不协，上书求去。是年十月，出判亳州，以陈升之同平章事。次年熙宁三年四月，以韩绛参知政事。升之、绛与曾公亮同柄国政，极力援助安石，安石始得行其志。寻公亮与升之相继去位。是年十二月，以绛与安石同平章事，王珪参知政事。绛旋罢，于是安石遂独相，乃变更历来旧法，制定新法如左：

甲、关于民政及财政之新法

一、制置三司条例司。（熙宁二年二月）

二、农田水利法。（同年四月）

三、均输法。（同年七月）

四、青苗法。（同年九月）

五、募役法。（同三年十二月）

六、市易法。（同五年三月）

七、方田均税法。（同年八月）

八、手实法。（同七年七月）

乙、关于军政及警政之新法

一、汰冗兵。（熙宁元年至元丰年间）

二、改诸路更戍法。（熙宁三年十二月）

三、保甲法。（同年同月）

四、保马法。（同五年五月）

五、军器监。（同六年六月）

丙、关于教育及选举之新法

一、更定科举法。（熙宁四年二月）

二、立太学生三舍法。（同年十月）

三、建武学。（熙宁五年）

四、置经义局。（同六年三月）

五、置律学。（同年四月）

六、置医学。（同年）

以上所举诸新法，除手实法为吕惠卿所创，与市易法及保马法稍有流弊外，其余皆良法美意，与现今欧美各国文明法制相似。使当时朝野诸君子，体量君相之苦心，极力援助安石，或者北宋可以一时成为法制国，恢复汉唐全盛时代状况，则契丹、党项当然臣服，金元之祸当然消灭，岂非中国之盛事？无如当时士大夫蹈常习故，惮于变更，群起非难安石。安石孤立无助，不得已，乃劝帝登庸新进之士，毅然行之。行之不得其人，弊端杂出，天下嚣然丧其乐生之心，怨谤纷起。元老之中，若韩琦、富弼等；大臣之中，若司马光、吕公著等；侍从之中，若苏轼、程颢等，皆反对新法甚力，多以去就争之，帝不听。慈圣太皇太后常流涕语帝，谓安石乱天下。熙宁七年，大旱，诏求直言，中外上章者多攻击新法。安石乃力求去，荐韩绛代己，吕惠卿佐之。是年四月，罢安石知江宁府，以绛同平章事，惠卿参知政事。二人守安石成规不少失，时号绛为传法沙门，惠卿为护法善神。八年二月，复以安石同平章事，绛与惠卿相继去位，以元绛参知政事。九年十月，安石以疾去位，以吴充、王珪同平章事。其后绛、充去位，蔡确、章惇、张璪等相继参知政事，终神宗之世，行新法不辍。

第七节　旧党内阁之成立 新法之废止 新党之左迁 司马光、吕公著内阁 吕大防、范纯仁内阁

神宗任用王安石，创行新法，虽不敢谓为成功，亦不得谓之失败，而意外所得之恶果，则朋党之祸是也。神宗之初行新法也，元老大臣与谏垣，多群起与王安石为难。神宗不听，则投劾而去，以自成其名。甚或身为方面，而戒州县勿得奉行朝令。其人既属巨室，为士庶所具瞻，则凡不利于新法者，皆得所依附，以簧鼓天下之耳目，使人民疑所适从。神宗不得已，乃左迁翰林学士权知开封府郑獬知杭州，宣徽北院使王拱辰判应天府，知制诰钱公辅知江宁府，熙宁二年五月御史中丞吕诲知邓州，同年六月知谏院范纯仁知河中府，同年八月判尚书省张方平判应天府，三年正月知审官院孙觉知广德军，同年三月御史中丞吕公著知颍州，参知政事赵抃知杭州，同年四月枢密使吕公弼知太原府，同年七月翰林学士司马光知永兴军，同年九月知开封府韩维知襄州，四年五月御史中丞杨绘知郑州，同年七月出同平章事富弼判亳州，二年十月解判相州韩琦河北安抚使，三年二月出枢密使文彦博判河阳府，六年四月听翰林学士范镇、三年十月知蔡州欧阳修四年六月致仕，而进用韩绛、同平章事吕惠卿、元绛、俱参知政事曾布、三司使李定、邓绾俱御史中丞等以代之。

安石罢政以后，蔡确、章惇、张璪等相继参知政事。元丰五年，改官制，以王珪、蔡确为尚书左右仆射，章惇、张璪为门下中书侍郎。确名为次相，实专大政。确行事操切，大伤旧党感情。神宗在位十八年，以元丰八年崩。太子煦即位，是为哲宗。

哲宗即位时，年甫十岁，尊皇太后高氏为太皇太后，临朝同听政。是年，王珪卒，以蔡确、韩缜为尚书左右仆射，章惇知枢密院事，起司马光为门下侍郎，吕公著为尚书左丞，同辅政。于是新旧党并用。右司谏王觌上疏，弹劾蔡确、章惇、韩缜、张璪等，朋邪害正。右谏议大夫孙觉、侍御史刘挚、左司谏苏辙、御史王岩叟、朱光庭、上官均、吕陶等相继论之。次年，元祐元年罢确知陈州，惇知汝州，缜知颍昌府，璪知郑州，放邓绾、李定于滁州，安置吕惠卿于建州，而以司马光、吕公著为尚书左右仆射，韩维为门下侍郎，吕大防为中书侍郎，刘挚为尚书右丞，范纯仁同知枢密院事，起太师致仕文彦博平章军国重事。班宰相上，以次尽罢新法，是为第一次旧党内阁。是年九月，光卒。二年，彦博请老。三年，公著请老。以大防、纯仁为尚书左右仆射，孙固、刘挚为门下中书侍郎，王存、胡宗愈为尚书左右丞，是为第二次旧党内阁。是时新党阁臣皆已斥外，言者犹论之不已。范纯仁言于太后曰："录人之过，不宜太深。"太后深然之，乃诏"前朝希合附会之人，一无所问，言者勿复弹劾"。新党稍安。或谓吕公著曰："今除恶不尽，将贻后患。"公著曰："治道去太甚耳。文景之世，网漏吞舟，且人才实难，宜使自新，岂宜使自弃耶！"

已而蔡确罢官，居安州，尝游车盖亭，赋诗十章。知汉阳军吴处厚与确有隙，上之，以为皆涉讥讪。于是台谏言确怨谤，乞正其罪。元祐四年，诏贬确光禄卿，分司南京。台谏论之不已，执政欲置确于法，范纯仁、王存力争，乃安置确于新州。今广东粤海道新兴县纯仁言于太后曰："圣朝宜务宽厚，不可以语言文字之间，暧昧不明之道，窜诛大臣。今举动宜为将来法，此事甚不可开端也。"不听。中丞李常、中书舍人彭汝砺、侍御史盛陶皆言不可以诗罪确，诏出常知邓州，汝砺知徐州，陶知汝州。

第八节　旧党之内讧

一、吕大防对范纯仁之轧轹　蔡确既窜，吕大防言确党盛，不可不治。范纯仁面谏朋党杂辨，恐误及善人。司谏吴安诗、正言刘安世因论纯仁党确。四年六月，罢纯仁知颍昌府，王存知蔡州，而以孙固知枢密院事，赵瞻同知枢密院事，韩忠彦、许将为尚书左右丞，刘挚、傅尧俞为门下中书侍郎，与吕大防同辅政。

二、吕大防对刘挚之轧轹　五年，赵瞻、孙固相继卒，许将罢，韩忠彦改同知枢密院事，刘挚为尚书右仆射，苏颂、苏辙为尚书左右丞，王岩叟签书枢密院事，同辅政。挚性峭直，有气节，与吕大防同位，国家大事，多决于大防，惟进退士大夫，实执其柄。然持心少恕，勇于去恶，竟为朋谗奇中，遂与大防有隙。先是起居舍人邢恕，以附蔡确得进，确窜新州，恕亦谪监永州酒税。恕与挚有旧，常以书往来。中丞郑雍、殿中侍御史杨畏附吕大防，因摘其书中语以劾挚。又章惇诸子故与挚子游，挚亦间与之接。雍、畏谓挚延见结纳，为牢笼之计，以希后福，且论王岩叟、梁焘、刘安世、朱光庭等三十余人皆其死友。六年十一月，罢挚知郓州。今山东东临道聊城县给事中朱光庭驳还诏书，王岩叟上书论救，言者皆以为党。出光庭知亳州，今安徽淮泗道亳县岩叟知郑州。

三、吕大防、苏辙对苏颂、范百禄之轧轹　七年，以苏颂为尚书左仆射，苏辙为门下侍郎，范百禄为中书侍郎，梁焘、郑雍为尚书左右丞，韩忠彦知枢密院事，与吕大防同辅政。颂器局闳远，以礼法自持，为相务在奉行故事，使百官守法遵职，量能授任。先是侍御史贾易坐言事出，既复监司，更赦，除知苏州。颂谓易在御史名敢言，不宜下迁，于帘前争之。时殿中侍御史杨畏、来之邵附吕大防、苏辙，即劾颂稽留诏命。八年三月，罢颂为观文殿学士、集禧观使。百禄坐与颂同职事，畏等累章劾之，罢知河中府。

四、洛蜀两党之轧轹　先是哲宗元祐元年，召程颐为崇政殿说书，苏轼为翰林学士，兼侍读。轼好诙谑，而颐以礼法自持，每进讲，色甚庄，继以讽谏。轼谓其不近人情，深嫉之，每加玩侮，二人遂成隙。颐门人右司谏贾易、左正言朱光庭等愤不能平，遂劾轼试馆职策问谤讪。殿中侍御史吕陶言："台谏当徇至公，不可假借事权以报私隙。"右司谏王觌言："轼辞命失轻重，其事小，不足考。若悉考同异，深究嫌疑，则两歧遂分，使士大夫有朋党之名，大患也。”太后然之，遂置不问。会帝患疮疹，不出，颐诣宰臣问知否，且曰：“上不御殿，太后不当独坐。人主有疾，而大臣不知可乎？”由是大臣亦多不悦。御史中丞胡宗愈、左谏议大夫孔文仲、给事中顾临遂连章力诋颐，不宜在经筵。二年八月，罢颐出管勾西京国子监。易因劾陶党轼兄弟，语侵文彦博、范纯仁，太后怒，罢易出知，怀州。今河南河北道沁阳县

是时熙丰用事之臣，退休散地，皆衔怨入骨，阴伺间隙，而旧党诸贤不悟，各为党比以相訾议，遂有洛党、蜀党、朔党之目。洛党以颐为首，而光庭、易为辅；蜀党以轼为首，陶等为辅；朔党以刘挚、梁焘、王岩叟、刘安世为首，而辅之者尤众，互相攻讦。自门下侍郎韩维、元祐二年七月罢尚书右丞胡宗愈四年三月罢以下，多不安于位以去。范纯仁为相，务以博大开上意，忠厚革士风，常言“朝臣本无党，但善恶邪正，各以类分”。因极言前世朋党之祸，太后然之，而士习已成，迄不能改。

第九节　新党之复活及其报复 旧党之贬窜 孟后之废 章惇内阁

苏颂既罢，是年元祐八年六月，征范纯仁为尚书右仆射。殿中侍御史杨畏附苏辙，欲相之，因与来之邵上疏，论纯仁不可复相，乞进用章惇、安焘、吕惠卿，不报。及纯仁视事，吕大防欲引畏为谏议大夫。纯仁以畏不端，不可用。大防曰：“岂以畏尝言相公耶？”苏辙即从旁诵其弹文。纯仁初不知也，已而竟迁畏礼部侍郎。是年九月，太皇太后崩。十月，帝始亲政。吕大防为出陵使，甫出国门，杨畏首叛大防，上疏言：“神宗更法立制，以垂万世，乞赐讲求，以成继述之道。”帝即召对，询以先朝故臣孰可召用者，畏遂列上章惇、安焘、吕惠卿、邓润甫、李清臣等行义，各加题品，且乞召惇为相，帝深纳之。枢密都承旨刘安世、翰林学士范祖禹谏以为不可用。诏出安世知成德军，今直隶保定道正定县祖禹知陕州。

次年绍圣元年二月，以李清臣为中书侍郎，邓润甫为尚书左丞。三月，来之

邵探时旨，首劾大防。大防亟自引去。旋以策试进士问题，罢苏辙。是时清臣发策，历诋元祐政事，及进士对策，考官第主元祐者居上。礼部侍郎杨畏覆考，乃悉下之，而以主熙丰者置前列。于是天下晓然于政府意旨之所在。寻以曾布为翰林学士承旨。布上疏请复先帝故事，且乞改元以顺天意，帝从之，改元绍圣。四月，以章惇为尚书左仆射，安焘为门下侍郎，罢范纯仁知颍昌府。

惇引蔡京为户部尚书，林希为中书舍人，蔡卞为国史修撰，黄履为御史中丞，以渐尽复熙丰之政。黄履与谏官张商英、上官均、来之邵等，交章论司马光、吕公著等变更先朝之法，畔道逆理。是年六月，追夺光、公著赠谥，仆所立碑；夺王岩叟赠官，贬吕大防、刘挚、苏辙官，分司南京。惇又籍文彦博以下三十人，将悉加贬黜。清臣进曰："更先帝法度，不能无过，然皆累朝元老，若从惇言，必大骇物听。"乃止。是年十二月，蔡卞重修《神宗实录》成，原任史官范祖禹、赵彦若、黄庭坚等，并坐诋诬先帝，降官安置于远州。落礼部侍郎陆佃职。言者又以吕大防监修实录，徙之安州。今湖北江汉道安陆县二年，追复蔡确官，赠太师，谥忠怀。

是年十一月，祀明堂，赦。章惇豫言，吕大防等数十人当终身勿徙。范纯仁闻之，忧愤，欲上书申理。所亲劝其勿触怒，万一远斥，非高年所宜。纯仁曰："事至于此，无一人敢言，若上心遂回，所系大矣。如其不然，死亦何憾！"因上言："大防等所罪，亦因持心失恕，好恶任情，违老氏好还之戒，忽孟轲反尔之言。然牛李之祸，数十年沦胥不解，岂可尚遵前轨！愿断自渊衷，原放大防等。"疏奏，惇大怒，遂落纯仁观文殿大学士，徙知随州。今湖北江汉道随县安焘屡与惇异议，罢知郑州。

四年二月，追贬司马光、吕公著、王岩叟官，夺赵瞻、傅尧俞赠谥，追韩维到任及孙固、范百禄、胡宗愈等遗表恩，流吕大防、刘挚、苏辙、梁焘、范纯仁等于岭南，贬韩维、王觌等三十人官，降太师致仕文彦博为太子少保。大防行至虔州信丰今江西赣南道信丰县而卒，梁焘、刘挚皆卒于贬所，天下惜之。寻以曾布知枢密院事，林希同知院事，许将为中书侍郎，蔡卞、黄履为尚书左右丞。章惇与卞密谋，欲举汉唐故事，诛戮党人。帝以问将，将曰："二代固有之，但祖宗以来未之有。本朝治道，所以远过汉唐者，以未尝辄戮大臣也。"帝深然之。是年三月，中书舍人蹇序辰上疏言："司马光等变乱典刑，改废法度，讪讟宗庙，睥睨两宫。其章疏案牍，散在有司，若不汇缉而藏之，岁久必致沦弃。愿选官编类，人为一帙，置之二府，以示天下后世之大戒。”章惇、蔡卞请即命序辰及直学士院徐铎编类，凡司马光等一时施行文书，捃拾附著，纤悉不遗，凡一百四十三帙。由是缙绅之士，无得脱祸者。旋以邢恕谮，追贬王珪为万安军司户参军。

是年五月，文彦博卒，其子及甫居丧于洛；服除，恐不得京官，致书于御史中丞邢恕。恕与蔡确之弟硕谋，摭舍书中之语，诬刘挚等阴图不轨，谋危宗社。章惇、蔡卞欲借以兴大狱，次年元符元年三月，下及甫于同文馆狱，令蔡京、安惇杂治之。京、惇因奏挚等大逆不道，死有余责。帝曰：“元祐人果如是乎？”京、惇对曰：“诚有是心，特反形未具耳。”乃下诏，禁锢刘挚、梁焘子孙于岭南，勒停王岩叟诸子官职，进京为翰林学士承旨。惇为御史中丞，寻窜范祖禹于化州，今广东高雷道化县刘安世于梅州。今广东潮循道梅县祖禹寻卒。是时刘婕妤有宠，事皇后孟氏多不循礼。会后女福庆公主疾，后姊持道家符水入治，婕妤党因谮后厌魅。绍圣三年，废后为华阳教主、玉清妙静仙师，出居瑶华宫。时章惇欲诬宣仁太皇太后高氏有废立意，以后为宣仁所聘，因与内侍郝随密谋，构成是狱。至是惇与蔡卞、邢恕等谋，媒蘖宣仁尝欲危帝，请追废为庶人。皇太后向氏方寝，闻之，遽起，谓帝曰：“吾日侍崇庆，天日在上，此语曷从出？且帝必如此，亦何有于我！”帝感悟，取惇、卞奏，就烛焚之。明日，惇、卞再具状，坚请施行，帝怒曰：“卿等不欲朕入英宗庙乎！”抵其奏于地，事得寝。二年八月，刘妃生皇子茂，诏立妃为皇后。右正言邹浩上书谏，诏除名，编管新州。尚书右丞黄履上书救浩，并免履官。

初，司马光、吕公著之秉政也，置诉理所，许熙宁以来得罪者自陈，政府酌与昭雪。至是安惇言：“光等归怨先朝，收恩私室。乞取公案，看详从初加罪之意，复依断施行。”是年闰月，置看详诉理局，命惇与蹇序辰看详。由是重得罪者八百三十家，天下怨疾，有二蔡二惇之谣。

第十节 混合内阁之成立 新党之左迁 孟后之复位 韩忠彦、曾布内阁

哲宗在位十五年，以元符三年崩，无子，弟端王佶立，是为徽宗。皇太后向氏权同听政，尊皇后刘氏为元符皇后，以韩忠彦为门下侍郎，黄履为尚书右丞，召龚夬为殿中侍御史，陈瓘、邹浩为左右正言，于是忠直敢言之士，复稍见进用。御史中丞安惇言，邹浩复用，虑彰先帝之失。帝曰："立后，大事也。中丞不言，而浩独敢言，何为不可复用？"惇惧而退。瓘因劾惇"诳惑主听，规骋其私"。诏出惇知潭州。今湖南长沙县寻以韩忠彦为尚书右仆射，复范纯仁等官，徙苏轼等于内郡，许刘挚、梁焘归葬，录其子孙，追复文彦博、王珪、司马光、吕公著、吕大防、刘挚等三十三人官。初，哲宗尝悔废后事，叹曰："章惇坏我名节。"至是用布衣何文正言，复废后孟氏为元祐皇后，自瑶华宫还居禁中。台谏陈师锡、陈次升、陈瓘、任伯雨、张庭坚、丰稷、龚夬、江公望等，先后劾蔡卞、章惇等，托绍述之说，上欺天子，下胁同列，中伤善类之罪。诏出卞知江宁府，旋贬秘书少监，分司池州。今安徽贵池县出惇知越州，今浙江绍兴县旋贬武昌节度副使，居潭州，复贬雷州司户参军。安置邢恕于均州。今湖北均县除安惇、蹇序辰名，放归田里。夺蔡京职，居之杭州。贬林希官，徙知扬州。于是新党之有势力者皆去位。

是年六月，太后归政。十月，以韩忠彦、曾布为尚书左右仆射。布主张绍述。时议以元祐、绍圣均有所失，欲以大公至正消释朋党，遂诏改明年元为建中靖国。自是以后，新旧党杂进，政界愈益纷乱。

第十一节 变态新党之出现 党人碑之设立 孟后之复废 蔡京内阁

建中靖国元年，皇太后崩。中丞赵挺之希旨，排击元祐诸臣。尚书右丞范纯

礼从容为上解释，驸马都尉王诜陷以罪，罢知颍昌府。供奉官童贯性巧媚，善择人主微指，及诣三吴，访书画奇巧，留杭累月。蔡京日夜与之游。贯还都，誉京于上，诏起京为翰林学士承旨。邓绾之子洵武为起居郎，尝因对言："陛下乃神宗子，今相忠彦乃琦之子。神宗行新法以利民，琦尝论其非。今忠彦更神宗之法，是忠彦为能继父志，陛下为不能也。必欲继志述事，非用蔡京不可。"帝以为然，进洵武中书舍人、给事中兼侍讲，复蔡卞、邢恕、吕嘉问、安惇、蹇序辰等官，罢台谏任伯雨、江公望、陈瓘、丰稷等。曾布主张绍述，请改明年元为崇宁，从之。左司谏吴材、右正言王能甫希旨，劾韩忠彦"变神考之法度，逐神考之人材"。崇宁元年，罢忠彦知大名府。王能甫复举元祐党籍，请重行贬黜。诏复追贬司马光、文彦博、吕公著以下四十四人官。复诏元祐及元符末党人苏辙、范纯礼等，凡五十余人，并令三省籍记，不得与在京差遣。又诏司马光等二十一人子弟，毋得官京师。尚书左丞陆佃持论平恕，每欲参用元祐人才，至是言于帝，谓"不宜穷治"。因下诏曰："元祐诸臣，各已削秩，自今无所复问，言者亦勿辄言。"揭之朝堂。言者因论佃名在党籍，遂罢知亳州，而以许将、温益为门下中书侍郎，蔡京、赵挺之为尚书左右丞，与曾布同辅政。布与蔡京议不协，罢知润州。今江苏金陵道丹徒县旋以京为尚书右仆射，赵挺之、张商英为尚书左右丞，蔡卞知枢密院事。京倡议禁元祐法，置讲议司于都省，自为提举，讲议熙丰已行法度，及神宗欲为而未暇者，以次尽复新法。

是时元祐及元符末用事诸臣，贬窜死徙者略尽，蔡京犹未惬意。是年九月，籍宰执司马光、文彦博、吕公著、吕大防、刘挚、范纯仁、韩忠彦、王珪、梁焘等，曾任待制以上官苏轼、范祖禹等，余官程颐、秦观等，凡百二十人，等其罪状，谓之奸党，请御书刻石于端礼门。籍元符末上书人，定为正上、正中、正下三等，悉加旌擢；邪上、邪中、邪下三等，降责有差。又诏降责人不得同州居住。

是时元符皇后阁宦者郝随，讽蔡京再废元祐皇后孟氏。会昌州判官冯澥上书，论复后为非；台谏钱遹、石豫、左肤等，交章劾韩忠彦等"乘一布衣诳言，掠流俗之虚美"。京与阁臣皆主台臣之说，上不得已，从之。是年十月，诏罢元祐皇后孟氏称号，复出居瑶华宫；治元符末年诸臣议复后号者，降韩忠彦、曾布官，追贬原任执政李清臣、黄履，安置翰林学士曾肇及台谏丰稷、陈瓘、龚夬等十七人于远州。十二月，追谥元符皇后刘氏子茂为献愍太子，窜邹浩于昭州。

今广西桂林道平乐县

次年，进蔡京为尚书左仆射，尊刘后为皇太后。京恶元符末台谏之论己，悉陷以党事，安置任伯雨等十二人于远州。是年三月，诏党人子弟毋得至阙下，又诏元符末上书进士充三舍生者罢归。以元祐学术聚徒传授者，监司觉察，必罚无赦。元符末上书邪等人，亦毋得至京师。四月，诏毁司马光、吕公著等十人景灵宫画像，又诏毁范祖禹、唐鉴及三苏、黄庭坚、秦观文集，除故直秘阁程颐名。九月，令州县立党人碑。三年六月，图熙丰功臣于显谟阁，以王安石配享孔子，重定元祐、元符党人及上书邪等者合为一籍，通三百九人，刻石于朝堂，余并出籍。

自此以后，蔡京当国几二十年，中间暂罢者三，皆以其党代之，凡事禀承京旨。其子攸亦有宠，权势与父相轧，满朝皆其父子之党，朝政日坏。京外托绍述之名，纷更法制，贬斥群贤，增修财利之政，务以侈靡惑人主。其党童贯、朱勔等，逢迎帝旨，大兴土木，东南之民不堪骚扰。于是方腊之乱与宋江之乱相继而起，竭全国之力，仅得荡平。而对辽问题复起，金人乘之，大举南寇。至钦宗靖康元年，始下诏除元祐党籍学术之禁，贬蔡京，诛蔡攸，而事已无及矣。

第六章
北宋末年之和战论

第一节　北宋对金和战不定之原因

自来书生习气，议论多而成功少。北宋之徽宗，工诗，善画，兼有文学家、美术家之长，天然不适宜于政治生活，其所用之大臣，皆出于童贯蔡京王黼梁师成之门，无可以系天下之望者。李纲、种师道以疏远之臣，骤握大权，为一般宵小所嫉妒；其所主张之战守论，又为懦弱委靡之钦宗所不敢为；而都中士民，欢迎二人，又容易招朝廷之忌，于是白时中、李邦彦、张邦昌、唐恪、耿南仲等，遂日以割地请和之议，荧惑圣德，弃战守之事而不顾；及太原、真定相继陷落，咽喉已塞，而朝廷犹诏百官，议弃三镇得失。故金人尝语宋使曰：“待汝家议论定时，我已渡河矣。”谚曰：“秀才造反，三年不成。”北宋末年之人物，皆此等秀才之流，其议论皆三年不成之议论也。故北宋之议和与南宋之议和内情迥异，南宋出于不得已，北宋则可已而不已者也。兹述其事迹如左。

第二节　恢复燕云问题

先是有唐末年，刘仁恭、刘守光父子相继为卢龙节度使，屡与梁晋构兵。契丹太祖耶律阿保机乘之，略取营今热河朝阳县平今直隶卢龙县滦今直隶滦县三州，于是现今直隶东北部与热河特别区域东南部入于契丹。晋王存勗灭守光。契丹与晋接境，屡乘梁晋虎争之隙，进兵南窥幽州，与晋构兵，互有胜负，山后朔今山西朔县蔚今直隶蔚县新今直隶涿鹿县武今直隶宣化县儒今直隶延庆县等州多陷，而幽州迄不下。后唐废帝从珂时代，河东节度使石敬瑭作乱，求救于契丹。契丹立敬瑭为晋帝，敬瑭割幽蓟瀛莫涿檀顺新妫儒武云寰应朔蔚等十六州今京兆及直隶口北道山西雁门道全部以赂之，是为燕云十六州割让于契丹之始。于是万里长城与燕山山脉之险入于契丹，直隶北境无险可守，契丹得以自由出兵，侵略河北。后晋之亡，实由于此。周世宗在位，自将伐契丹，取瀛今直隶河间县莫今直隶任丘县易今直隶易县三州，瓦桥关今直隶雄县南复入于中国，遂趋幽州，在道不豫而止。宋太宗在位，两次出重兵，谋恢复幽州，皆为契丹所败。自是河北御寇不暇。真宗在位时代，契丹圣宗大举南寇，至澶州。今直隶大名道濮阳县参知政事王钦若、同知枢密院事陈尧叟皆请南迁。宰相寇准力劝帝亲征，破其前锋，辽人气慑，乃请和。准欲邀其称臣，且献幽燕之地。帝年少气馁，为近臣所惑，乃许辽和，赂以岁币三十万，是为中国纳币于契丹之始。仁宗在位，定难今陕西榆林道节度使赵元昊作乱，陕西州郡多陷。契丹兴宗乘之，聚兵于燕，声言南下，且遣使来索瓦桥关南十县地。帝不欲与地，又不敢与战，乃遣使议和，增岁币为五十万。神宗在位，用兵经略河湟，绥附西南夷，征服交趾，复与西夏构兵。诸边多故，契丹道宗乘之，遣使以划界为辞，要求割让河东今山西中部及南部边境。帝以西北西南同时用兵，无余力与辽宣战，乃依辽议，定新界，凡东西七百里间，南北失地各三十余里。徽宗时代，辽天祚帝在位，荒淫不恤国政，与女真部渐生嫌隙。政和元年，朝廷遣端明殿学士郑允中、宦官童贯使辽以觇之。贯至卢沟，燕人马植见贯，陈取燕之策。贯大喜，载与俱归，易姓名曰李良嗣，荐诸朝。植建联合女真夹攻辽之议，帝嘉纳之，以为秘书丞，赐姓赵。图燕之议自此始。

政和三年，徽宗十三年生女真部酋长完颜阿古达旧作阿骨打举兵叛辽，自称皇帝，国号金，是为太祖，屡破辽兵，尽取辽东京、今奉天辽阳县上京今热河昭乌达盟巴林旗东北等路，进迫中京今热河平泉县。重和元年，徽宗十八年诏遣武义大夫马政浮海使金通好，约夹攻辽。次年，宣和元年金人遣使报聘。又次年，宣和二年复遣赵良嗣使金，中书舍人吴时谏，不听；又有安尧臣者，上书力诤，亦不听。是年九月，良嗣偕金使返京，约定条件如左。

一、金兵自平地松林今热河围场县趋古北口，属京兆密云县，跨燕山山脉上之万里长城为京兆热河交通要道宋兵自白沟今京南琉璃河夹攻。

二、事定之日，以山前后十七州归宋。

三、宋与金岁币之数同于辽。

是时童贯、蔡京主议，熙河钤辖赵隆极言其不可，贯不听。领枢密院事郑居中争之于京，乃暂寝其议。已而金屡破辽，取中京、西京今山西雁门道等路，贯乃复乞举兵，居中言："不宜幸灾而动。"宰相王黼不可，帝意遂决。宣和四年，诏遣童贯、蔡攸勒兵十五万，巡北边以应金。贯屡进兵，皆为辽所败。贯惧得罪，乃密遣使如金，求如约夹攻。是年十二月，金太祖引兵入自居庸关，遂克燕京，今北京于是辽室五京皆为金有。

先是朝廷与金约，但求石晋赂契丹故地，而不及营平滦三州。既而王黼欲并得之，屡遣赵良嗣求之于金。金人不许，且责朝廷出兵失期，只许与燕京及山前六州。蓟景檀顺涿易至是金既克燕，复遣使致书于中国曰："燕京用本朝兵力攻下，其租税当输本朝。"王黼欲邀近功，遂约岁币之外，更加燕京代税钱一百万缗。金人又求粮，良嗣许以二十万石。宣和五年四月，金人以燕京及涿今京兆涿县易檀今京兆密云县顺今京兆顺义县景今直隶渤海道遵化县辽置景州蓟今京兆蓟县六州之地来归，而山后诸州及西北一带接连山川不在此限。营平滦三州亦以非石晋所赂契丹之地不预焉。燕之职官富民金帛子女，皆被金人驱掠以去，朝廷所得，惟空城而已。

第三节　李纲、种师道进退问题

一、金人之败盟　是年六月，金将辽故将降金者张瑴以平州来降，王黼劝帝纳之，赵良嗣谏，不听。十一月，金将斡喇布旧作斡离不袭平州，瑴兵败，奔燕山。府名即燕京改名金人以纳叛来责，朝廷不得已，杀瑴，函其首以畀金，于是降将卒皆解体。

是年，金太祖殂，太宗即位。朝廷复遣使往求山后诸州，太宗将许之，其将尼玛哈旧作粘没喝不可，乃仅以武朔二州来归。是时内侍谭稹为两河燕山路宣抚使，招纳北方降人，金人不悦。六年三月，金遣使诣宣抚司，索赵良嗣所许之粮二十万石，稹不与，金人益怒。斡喇布在平州，遣人来索叛亡户口，朝议弗遣；又闻童贯与降将郭药师治兵燕山，乃言于金太宗，请举兵南侵。太宗然之而未即决。七年二月，金人擒天祚，辽亡。漠南漠北皆定，金无后患，乃谋大举入寇。是年十月，命尼玛哈、斡喇布分道南侵。童贯闻警，自太原逃归汴。朝廷急起老将种师道为两河制置使，令起陕西兵入援。是时师道致仕，居南山豹林谷，闻命即东，过姚平仲，有步骑四千，与之俱赴汴。未至，尼玛哈已破代朔二州，进围太原。斡喇布破檀蓟州，郭药师以燕山叛降金。斡喇布以药师为向导，长驱而进。诏悉起禁军，命内侍梁方平帅之守黎阳，故城在今河南河北道浚县境内而急召熙河今甘肃兰山道经略使姚古、秦凤今甘肃渭川道经略使种师中将兵入援。未至，金斡喇布已破相今河北道安阳县浚今河北道浚县二州，进窥黎阳。方平军溃，走还，朝廷大震。

二、徽宗之内禅　蔡京及其党羽之伏诛　李纲之城守　帝以金师日迫，欲东幸金陵，给事中吴敏诣都堂力争，宰执以为言，乃罢行，而以皇太子为开封牧。太常少卿李纲谓敏曰：“建牧之议，岂非欲委皇太子以留守之任乎？今敌势猖獗，非传太子以位号，不足以招徕天下豪杰。”敏曰：“监国可乎。”纲曰：“肃宗灵武之事，不建号，不足以复邦，而建号之议，不出于明皇，后世惜之。上聪明仁恕，公曷不为上言之？”敏入言于帝，帝意遂决，拜敏门下侍郎，传位于太子。太子即位，是为钦宗，尊帝为教主道君太上皇帝，以纲为兵部侍郎。太学生陈东等上书，请诛蔡京、童贯、王黼等以谢天下。诏从之，于是京等相继贬窜以死。

次年钦宗靖康元年正月，金斡喇布兵渡河，太上皇出奔镇江。宰相白时中、李邦彦等，议以京城不可守，欲奉帝出幸襄邓，以避敌锋。李纲曰：“天下城池，岂有如都城者？且宗庙社稷百官万民所在，舍此欲何之？今日之计，当整饬军马，固结人心，相与坚守，以待勤王之师。”帝问谁可将者，纲曰：“白时中、李邦彦等，虽未必知兵，然藉其位号，抚将士以抗敌锋，乃其职也。”时中勃然曰：“李纲莫能将兵出战否！”纲曰：“陛下不以臣庸懦，倘使治兵，愿以死报。”乃以纲为尚书右丞，东京留守。纲为帝力陈不可去之意，且言“明皇闻潼关失守，即时幸蜀，宗庙朝廷毁于贼手。今四方之兵，不日云集，奈何轻举以蹈明皇之覆辙乎！”会内侍奏中宫已行，帝色变，仓卒降御榻曰：“朕不能留矣。”纲泣拜，以死邀之。帝意稍定，顾纲曰：“朕今为卿留，治兵御敌之事，专责之卿，勿致疏虞。”纲皇恐受命。是夜，宰臣犹请出幸不已，帝从之。质明，纲趋朝，则禁卫擐甲，乘舆已驾矣。纲急呼禁卫曰：“尔等愿守宗社乎？愿从幸乎？”皆曰：“愿死守。”纲入见曰：“陛下已许臣留，复戒行，何也？今六军父母妻子，皆在都城，愿以死守。万一中道散归，陛下孰与为卫？敌兵已逼，知乘舆未远，以健马疾追，何以御之？”帝感悟，乃召中宫还，以纲兼亲征行营使，治守战之具粗备，而金兵已至城下矣。

金兵攻宣泽门，汴河上北面水门名李纲力战拒却之。金遣使入见。李邦彦力请割地求和，议遣使诣金营。纲请自行，帝不许，而命同知枢密院事李棁往。纲曰：“安危在此一举，臣恐李棁怯懦，误国事也。”不听。棁至金营，斡喇布盛兵南向坐，棁北面再拜，膝行而前。斡喇布切责之，因受以要求之事目一纸，金五百万两、银五千万两、牛马万头、表段百万匹，尊金帝为伯父，归燕云之人在汉者，割中山太原河间三镇，以宰相亲王为质棁等唯唯，不敢措一言而还。李邦彦等力劝帝从金议。李纲言：“金人所须金币，竭天下且不足，况都城乎？中山太原河间三镇之地，国之屏蔽，割之何以立国？至于遣质，则宰相当往，亲王不当往。若遣辩士姑与之议，宿留数日，大兵四集，彼孤军深入，虽不得所欲，亦将速归。此时与之盟，则不敢轻中国，而和可久也。”邦彦等言：“都城破在旦夕，尚何有于三镇，而金币之数又不足较。”帝默然。纲不能夺，因求去。帝慰谕之曰：“卿第出治兵，此事当徐图之。”纲退，则誓书已成，称伯大金皇帝，侄大宋皇帝，金币割地遣质更盟一依其言。括借京城士民金帛以赂金，遣皇弟康王构及宰相张邦昌往为质。

三、种师道之入援　种师道至洛阳，闻金兵已抵京城下，或止师道，言“贼势方锐，愿少驻泛水以谋万全”。师道曰：“吾兵少，若迟回不进，形见情露，只取辱焉。今鼓行而进，彼安能测我虚实？都人知吾来，士气自振，何忧贼哉！”揭榜沿道，言种少保领西兵百万来。遂抵京西，趋汴水南，径逼敌营。金人惧，徙砦稍北，增垒自卫。帝闻其至，甚喜，命李纲迎劳。师道入见，帝问曰：“今日之事，卿意若何？”对曰：“女真不知兵，岂有孤军深入人境，而能善其归乎？京师周回八十里，如何可围？城高数十丈，粟支十年，不可攻也。请严兵拒守，以待勤王之师。不逾数月，虏自困矣。如其退，即与之战。三镇之地，不宜割与。”帝曰：“业已讲好矣。”对曰：“臣以军旅之事事陛下，余非所敢知也。”诏以师道同知枢密院事，充京畿、河北、河东路宣抚使，统四方勤王兵，以姚平仲为都统制。师道请“缓给金币于金，俟彼惰归，扼而歼诸河”。帝命师道于政事堂共议，师道见李邦彦曰："京城坚高，备御有余，当时相公何事便讲和？"邦彦曰："以无兵故也。"师道曰："不然，凡战与守自是两事，战或不足，守则有余。京师百万众，尽皆兵也。"邦彦曰："素不习武事，不知出此。"师道曰："相公不习兵，岂不闻往古守城者乎？"又曰："闻城外居民，悉为贼杀掠；畜产甚多，亦为贼有。当时既闻贼来，何不悉令城外居民，撤去屋舍，移其所畜，尽入城中，乃遽闭门以遗贼资，何也？"邦彦曰："仓卒之际，不暇及此。"师道笑曰："亦太慌忙耳。"左右皆笑。时议人人异同，惟李纲与师道合，而邦彦不从。

四、陈东之争罢李纲　时朝廷日输金币于金，而金人需求不已，日肆屠掠。四方勤王之师渐至，李纲言："金人贪婪无厌，凶悖日甚，其势非用师不可，且敌兵号六万，而吾勤王之师集城下者已二十余万。彼以孤军入重地，犹虎豹自投陷阱中，当以计取之，不必与角一旦之力。若扼河津，绝饷道，分兵复畿北诸邑，而以重兵临敌营，坚壁勿战，俟其食尽力疲，纵其北归，半渡而击之，此必胜之计也。"帝深然之。姚平仲请速战，种师道不以为然。帝遽从平仲议。是年二月朔，平仲引兵夜袭金营，帝命李纲为后援。平仲战败，惧诛，亡去。纲亲率诸将逆战，以神臂弓射却金兵。种师道曰："劫寨已误，然兵家亦有出其不意者。今夕再遣兵分道攻之，亦一奇也。如犹不胜，然后每夕以数千人扰之。不十日，贼遁矣。"李邦彦等畏懦，竟不果用。金斡喇布遣使来诘责用兵违誓之故，李邦彦语之曰："用兵乃李纲、姚平仲尔，非朝廷意也。"因罢纲以谢金人，废亲征行营司。太学生陈东等千余人上书言："李纲奋勇不顾，以身任天下之重，所谓社稷之臣也；李邦彦、白时中、张邦昌、李棁之徒，庸谬不才，忌嫉贤能，动为身谋，不恤国计，所谓社稷之贼也。陛下拔纲，中外相庆，而邦彦等疾如仇雠，恐其成功，因缘阻败。且邦彦等必欲割地，曾不知无三关四镇，是弃河北也。弃河北，朝廷能复都大梁乎？又不知邦昌等能保金人不复败盟否也。窃恐虏兵南向，大梁不可都，必将迁而之金陵，则自江以北非朝廷有。邦彦等不顾国家长久之计，徒欲沮李纲成谋，以快私忿。李纲罢命一传，兵民骚动，至于流涕，咸谓不日为虏擒矣。罢纲非特堕邦彦等计中，又堕虏计中也。乞复用纲而斥邦彦等，且以阃外付种师道，宗社存亡在此举，不可不谨。"书奏，军民不期而集者数万人。会邦彦入朝，众数其罪而骂，且欲殴之。邦彦疾驱得免。吴敏传宣令退，众莫肯去，挝坏登闻鼓，喧呼动地。殿帅王宗濋恐生变，奏帝勉从之。帝乃遣耿南仲号于众曰："已得旨宣纲矣。"内侍朱拱之宣纲后期，众脔而磔之，并杀内侍数十人。

知开封府王时雍麾之不退，帝顾户部尚书聂昌，俾出谕旨，诸生乃退。诏复纲尚书右丞，充京城四壁防御使。都人又言愿见种师道，诏趣师道入城弹压。师道乘车而至，众褰帘视之曰："果我公也。"相麾声喏而散。明日，诏诛士民杀内侍为首者，禁伏阙上书。王时雍欲尽致太学诸生于狱，人人惴恐。会朝廷将用杨时为祭酒，遣聂昌诣学宣谕，然后定。

金人疑康王非亲王，请以他王代之。诏遣皇弟肃王枢往代质，征康王及张邦昌还。遣使持手书如金营，许割三镇地。斡喇布顿兵城下，久不得志，遂不俟金币数足，引还，京师解严。种师道请乘其半济邀诸河，帝不许。御史中丞吕好问曰："金人得志，益轻中国，秋冬必倾国复来。御敌之备，当速请求。"帝亦不听，旋罢师道兵柄。中丞许翰言："师道名将，沈毅有谋，不可使解兵柄。"帝谓其老难用，不听。翰又言："金人此去，存亡所系，当令一大创，使失利去，则中原可保，四夷可服。不然，将来再举，必有不救之患，宜遣师邀击之。"帝亦不听。

五、杀熊岭之败　太原诸军之溃　李纲之窜　已而姚古、种师中等入援，凡十余万人，至汴城下，而斡喇布已退。李纲请诏古等追之，且戒俟其间，可击则击。而宰执张邦昌、李棁等，乃令护送出之，勿轻动以启衅。会金尼玛哈陷威胜军、今山西沁县隆德府，今山西长治县议者谓邦昌等主和误国，乃罢李邦彦、张邦昌、李棁。是年三月，起种师道为河北、河东宣谕使，驻滑州，今河北道滑县命姚古援太原，种师中援中山、河间。而师道实无兵自随，乃请合关指关中河指两河卒，屯沧今津海道沧县卫今河北道汲县孟今河北道孟县滑，备金兵再至。朝廷以大敌甫退，不宜劳师示弱，格不用。古复隆德府、威胜军，师中追斡喇布，至北鄙而还。而太原围卒不解，诏师中由井陉进兵，与古犄角援太原。师中进次平定军，今冀宁道平定县乘胜复寿阳、榆次今冀宁道二县名等县。时尼玛哈避暑还云中，留兵分就畜牧。觇者以为将遁，告于朝。同知枢密院事许翰信之，数遣使趣师中出战。师中不得已，仓卒进兵，约古等为援，而古后期不至。是年五月，师中与金人战于杀熊岭，在今山西冀宁道寿阳县西南败绩，死之。古军溃。师中老成持重，为时名将，既死，诸军无不夺气。

京师自金兵退，上下恬然，置边事于不问。李纲独以为忧，数上备边御敌之策，不见听用。至是种师道以病乞归，门下侍郎耿南仲等请弃三镇，纲力持不可。乃以纲为两河宣抚使，代师道。纲言："臣书生，实不知兵。在围城中，不得已，为陛下料理兵事。今使为大帅，恐误国事。"因拜辞，不许。台谏言纲不可去朝廷，帝以其为大臣游说，斥之。或谓纲曰："公知所以遣行之意乎？此非为边事，欲缘此以去公，则都人无辞尔。公不起，上怒且不测，奈何？"许翰复书杜邮秦使白起伐赵，辞不行，秦王怒赐起死于杜邮二字以遗纲，纲不得已，受命。时宣抚司兵仅万二千人，纲请银绢钱各百万，仅得二十万。庶事皆未集，纲乞展行期，御批以为迁延拒命，不许。左司谏陈公辅上书言："李纲书生，不知军旅，遣援太原，乃为大臣所陷，后必败事。"执政恶其言，谪监合州今四川东川道合川县酒务。是年七月，李纲至怀州，今河北道沁阳县练士卒，整器械，征兵于诸路，期兵集大举援太原，而朝廷降诏，罢所起兵。纲上书言："秋高马肥，敌必深入。防秋兵尽集，尚恐不足，今河北、河东，日告危急，未有一人一骑以副其求；奈何甫集之兵，又皆散遣，且以军法勒诸路起兵，而以寸纸罢之。臣恐后时有所号召，无复应者矣。"疏上，不报，而趣纲赴太原。是时援兵集于太原近旁，诸将皆承受御画，事皆专达，进退自如。宣抚司徒有节制之名，多不遵命。纲尝具论之，不听。是年八月，复以种师道为两河宣抚使，召纲还。诸将不期会，自由进兵，前后皆溃。金尼玛哈、斡喇布复分道入寇。九月，陷太原。言者论李纲专主战议，丧师费财，罢知扬州。寻落职，安置于建昌军。中书舍人刘珏、胡安国力谏，诏贬其官。

六、种师道之卒　汴京之陷　徽、钦之北狩　是时金兵日逼，南道都总管张叔夜、陕西制置使钱盖各统兵赴阙，而宰执唐恪、耿南仲等专主和议，檄止两道兵勿前，遣使赴金营请和。金人佯许，而攻略自如。诸将以和议故，皆闭壁不出。御史中丞吕好问请集沧滑邢相之戍，以遏奔冲，而列勤王之师于畿邑，以卫京城。疏入，不省。是年十月，金人陷真定，攻中山，上下震骇。廷臣狐疑相顾，犹以和议为辞。好问率台属劾大臣畏懦误国，诏贬其官。

种师道次于河阳，遇金使，揣敌必大举，亟上疏，请幸长安以避其锋。大臣以为怯，召还。师道至京，病不能见，寻卒。

斡喇布既破真定，长驱渡河。尼玛哈亦尽陷河东诸州郡，遂渡河，陷洛阳，沿河守将皆弃城走。朝廷方诏百官议弃三镇得失，而二酋已会于汴梁城下。初耿南仲为东宫官十年，自谓首当柄用，而吴敏、李纲越次进位在己上，心不能平，故每事异议，力阻战守，坚请割地以成和好。故朝廷战守之备皆罢。至是下哀痛诏，征兵于四方，无至者。城中只有兵七万人，乃遣使以蜡书间行出关召兵。南道都总管张叔夜将兵勤王，请帝暂诣襄阳以图幸雍，不听。龙卫卒郭京自言能用六甲法生擒金二将，朝廷以京为成忠郎，赐以金帛，使募兵击金。是年闰月，闰十一月京与金人战于城下，兵溃，率余兵南遁，金人遂乘势入城。卫侍长蒋宣率其众数百，欲邀乘舆犯围而出；宰相何㮚古栗字欲亲率都民巷战，会金人宣言议和退师，乃止。金人要帝至金营，旋劫上皇及后妃太子宗戚三千人至其军，立张邦昌为楚帝，以二帝以下北还，北宋遂亡。

第七章
南宋初年之和战论

第一节　南宋初年和战不定之原因

政论之发达，政争之剧烈，为有宋一代特色。北宋中叶以后，士大夫以意气相竞，无智愚贤不肖，悉自投于党祸之中。其所竞争之目的物，则旧法新法是也。南宋建国以后，外患异常猛烈，士大夫移其对内之眼光以对外，复引起绝大政争。其所竞争之目的物，则和战是也。由来主和者多小人，主战者多君子，人皆知之。然夷考当时国情，宋与辽战则败，金与辽战则胜，此武力不如金者一。宋之根据地在浙江，气候温暖，物产丰饶，山川明媚，风景清佳，民气易流于文弱；金之根据地在满洲，气候寒冷，物产缺乏，山川凛冽，风景萧疏，民气多刚猛，富于冒险精神，又略取黄河流域，乘高屋建瓴之势以窥东南，有居高临下之势。江若海有言："天下者，常山蛇势也。秦蜀为首，东南为尾，中原为脊。今以东南为首，安能起天下之脊哉！"此地势不如金者二。金之将相，皆由皇族出身，宗室王公，人尽知兵，故政府与将帅行动常一致；宋之将相，文武分途，文臣多主和，武臣多主战，政府大臣与边方将帅，意见时常龃龉，政治上缺统一圆满之致，此政局不如金者三。准此以观，当时宰相秦桧之许和，固亦非择而取之，不得已也。然而当时书生，昧于世界大势，动以尊王攘夷之说动人。秦桧久居异国，略谙敌情，及其当国，排群议而主和。当时号称贤士大夫及后世主持清议者多唾骂之。然而设身处地，为当时谋国计，固亦未可厚非也。所可恨者，高宗庸懦，贪恋大位，畏难苟安。桧窥其隐衷，先意逢迎，故君臣相得，言听计从。议和以后，不乘此机会，卧薪尝胆，休养生息，练兵裕财，以为将来复仇计，而耽于宴乐，粉饰升平。凡有反对和议者，无论其人之人格如何，才力如何，皆窜之、逐之、诛之、戮之，而毫不爱惜，遂至杀岳飞，罢韩世忠，逐张浚，逼杀赵鼎，自坏其万里长城而不悔。虽曰秦桧奸佞，排斥异己，抑亦高宗性情，怯懦忮忌，天然与君子相远与小人相近之厉阶也。兹述其事迹如左。

第二节　李纲、黄潜善、汪伯彦去留问题

初，金人第二次入寇也，康王构奉使赴金营，至磁州，今大名道磁县守臣宗泽劝王勿行。时金兵前锋已渡河，游兵日至磁城下，踪迹王所在。知相州汪伯彦亟以帛书请王如相，是为伯彦受知于王之始。金兵围京城，诏以构为天下兵马大元帅，伯彦、泽副之，使尽起河北兵入援。泽领前锋，屡破金之偏帅，劝王急引兵渡河；伯彦难之，劝王遣泽先行。泽进败金人于卫州。王闻京师陷，移军东平。今山东东临道东平县高阳关路安抚使黄潜善以兵来援，王承制，以潜善为副元帅，是为潜善受知于王之始。王次于济州，今山东济宁道济宁县金人谋遣兵劫王，不果。金人劫二帝后妃太子宗戚北去。宗泽闻警，自卫州提军趋滑，走黎阳，至大名，欲径渡河，据金人归路，邀还二帝。檄诸路兵来援，卒无至者，遂不果。

金兵既退，宗泽移兵近畿，将讨张邦昌。吏部侍郎吕好问、监察御史马伸以大义责邦昌，劝其奉迎康王。邦昌不得已，从之。建炎元年五月，王即位于南京，是为高宗，以黄潜善为中书侍郎，汪伯彦同知枢密院事，张邦昌为太保，封同安郡王，贬窜主和大臣李邦彦、李棁、耿南仲等，征李纲为尚书右仆射。中丞颜岐奏曰："张邦昌为金人所喜，虽已为三公郡王，宜更加同平章事；李纲为金人所恶，虽已命相，宜及其未至罢之。"章五上，帝曰："如朕之立，恐亦非金人所喜。"岐语塞而退。右谏议大夫范宗尹论纲名浮于实，有震主之威，帝亦不听。黄潜善、汪伯彦自谓有攀附之劳，拟必为相，及召纲于外，二人不悦，遂与纲忤。宗泽入朝于行在，陈兴复大计，潜善等沮之，出泽知襄阳府，旋进潜善门下侍郎，

伯彦知枢密院事，共秉国政。

是年六月，李纲至行在，上疏陈十事。一曰议国是，谓“中国之御四夷，能守而后可战，能战而后可和，而靖康之末皆失之。今莫若先自治，专以守为策。俟吾政事修，士气振，然后可议大举”。二曰议巡幸，谓“车驾不可不一至京师，见宗庙，以慰都人之心。度未可居，则为巡幸之计。天下形势，长安为上，襄阳次之，建康又次之。皆当诏有司预为之备”。此外凡八条，皆关于解决时局之大计。帝采择其言，安置张邦昌于潭州，贬放其党与有差；赠死节诸臣官，予谥。纲以河北、河东虽屡经金人蹂躏，而州郡多为朝廷守，两路士民兵将，皆推豪杰为首领以抗金兵，多者至数万，少者不下万人，宜急派大臣招抚，分兵以援其危急。乃奏以张所为河北招抚使，王瓔为河东经制使，傅亮副之；立沿河沿淮沿江帅府，造舟江淮诸州；诏陕西、河北、京东西路，募兵，买马，劝民出财；以张悫同知枢密院事，兼提举户部财用，宗泽为东京留守。时东京荒残，兵民杂居，盗贼纵横，泽抚循劳徕，流亡稍集。泽治军严整，招徕豪杰，分屯近畿，为犄角之势，人心渐固。累表请帝还京，而帝用黄潜善、汪伯彦计，决意幸东南，不报。

泽以岳飞为统制，屡破金之偏师。飞上书言：“勤王之师日集，宜乘敌怠击之。黄潜善、汪伯彦辈，不能承圣意恢复，奉车驾日益南，恐不足系中原之望。愿陛下乘敌穴未固，亲率六军北渡，则将士作气，中原可复。”坐越职言事，夺官。飞归河北，诣张所。所以王彦为都统制，飞为中军统领，屡破金兵。而潜善、伯彦阴主和议，嗾右谏议大夫宋齐愈，上疏论李纲募兵买马括财三事之非。不报。齐愈旋以党附张邦昌罪，伏诛。潜善、伯彦阴劝帝幸扬州以避敌，李纲谏曰：“自古中兴之主，起于西北，则足以据中原而有东南；起于东南，则不能复中原而有西北。盖天下精兵健马，皆在西北。若委中原而弃之，岂惟金人将乘间以扰内地，盗贼亦将蜂起为乱，跨州连邑，陛下虽欲还阙而不得矣。”帝乃许幸南阳，以范致虚知邓州，修城池、缮宫室、输钱谷以实之。而潜善、伯彦仍主幸扬州之议，纲以去就争之。是年八月，罢纲提举洞霄宫，废招抚经制二司，召傅亮还行在，安置张所于岭南。凡纲所规划军民之政，一切废罢。太学生陈东、布衣欧阳澈先后上书，请留纲，而罢潜善、伯彦。潜善言于帝，谓若不亟诛，将复鼓众伏阙。乃并杀二人。尚书右丞许翰请留纲，不许，谓所亲曰：“吾与陈东皆争李纲者，东戮于市，吾在庙堂，可乎？”乃为东澈著哀辞而入，上章求罢。诏以资政殿大学士，提举洞霄宫；窜李纲于鄂州，旋安置于万安军今广东琼崖道万宁县。

李纲既去，帝乃下诏："暂驻淮甸，捍御稍定，即还京阙。有敢妄议惑众沮巡幸者，许告而罪之，不告者斩。"宗泽上书力争，且陈汪黄之罪，不听。是年十一月，帝如扬州，时两河虽多陷于金，而其民怀朝廷恩，所在结为红巾，出攻城邑，皆用建炎年号，及闻帝南幸，无不解体。

金人闻帝已南窜，遂起燕山等八路民兵，分三道南侵，连陷两河京西州郡。次年建炎二年正月，进犯东京。宗泽力战，屡破其兵，金人引去。泽上书请帝还京，不报。泽招抚河北群盗，悉降之。和州防御使马扩聚兵于真定五马山，在今保定道赞皇县东得上皇子信王榛于民间，奉之以总制诸砦，两河遗民闻风响应。泽募兵储粮，召诸将约日渡河，诸将皆掩泣听命。泽乃上疏，大略言："祖宗基业可惜。陛下父母兄弟蒙尘沙漠，日望救兵。西京陵寝为贼所占，今年寒食节，未有祭享之地，而两河二京陕右淮甸百万生灵陷于涂炭，乃欲南幸湖外，盖奸邪之臣，一为贼虏方便之计，二为奸邪亲属皆已津置在南故也。今京城已增固，兵械已足备，人气已勇锐，望陛下毋沮万民敌忾之气，而循东晋既覆之辙。"奏至，或言信王榛有渡河入汴之谋。是年五月，帝乃降诏择日还京，既而不果。

是时金兵大举深入，连破淮北、陕西州郡，诸将多败。诏御营统制韩世忠会宗泽以御金。泽以王彦为河北制置使，与诸将联合，分援河北、京西；上书请帝还京为后继，自将诸军为前锋，恢复河北。疏入，黄潜善等忌泽成功，从中沮之，又以郭仲荀为东京副留守以备泽。泽忧忿成疾，疽发于背，是年七月卒。诏以杜充代之。充酷而无谋，悉反泽所为，于是豪杰离心，降盗聚城下者，复去剽掠矣。

宗室子砥自燕山遁归，命辅臣问北事甚悉。子砥大略言："金人讲和以用兵，我国敛兵以待和。昔契丹主和议，女真主用兵，十余年间，竟灭契丹。今复蹈其辙，譬人畏虎，以肉喂之，食尽终于噬人。若设陷阱以待之，然后可以制虎矣。"执政恶其言，出子砥知台州。

殿中侍御史马伸还自湖南，上疏言黄潜善、汪伯彦不法十七事，乞速罢二人政柄，别选贤者。诏黜伸监濮州酒税，旋以潜善、伯彦为尚书左右仆射。时金兵横行，山东群盗蜂起，二人既无谋略，专权自恣，东京委之御史，南京委之留台，泗州委之郡守，言事者不纳其说，请兵者不以上闻。金兵日南，而潜善等以为群盗李成余党，无足虑者。

是时金人已袭破信王榛于五马山砦，尽陷两河州郡，进窥京东，陷济南袭庆今济宁道故兖州府等府，前锋已至淮北，而黄潜善、汪伯彦犹欲以和縻金。三年正月，河北制置使王彦入朝，见潜善、伯彦，力陈“两河忠义，延颈以望王师，愿因人心大举北伐”。言辞愤激。二人大怒，勒令致仕。是月，金尼玛哈陷徐州，诸将韩世忠、刘光世将兵阻淮拒敌，相继不战而溃。尼玛哈遂渡淮，连陷淮东诸郡，趋扬州。帝闻警，率数骑驰至瓜州，在江苏淮扬道江都县南、大江北岸运河南口得小舟渡江。时潜善、伯彦方率同列听浮屠克勤说法，堂吏大呼曰：“驾已行矣。”二人相顾仓皇，乃戎服策马南驰。居民争门而出，死者相枕藉。司农卿黄锷至江上，军士误以为潜善，骂之曰：“误国误民，皆汝之罪。”锷方辨其非是，而首已断矣。帝奔镇江，遂如杭州。中丞张澂论二人大罪二十，致陛下蒙尘，天下怨怼，乃罢潜善知江宁府，伯彦知洪州，赠陈东、欧阳澈官，召马伸还朝。时伸已卒，诏赠直龙图阁，下诏罪己求直言，赦死罪以下，放还士大夫被窜斥者。惟李纲不赦，更不放还，盖用黄潜善计，罪纲以谢金也。

第三节　赵鼎、张浚、秦桧进退问题

自是以后，朱胜非、吕颐浩相继为相，内乱踵作。金人乘衅大举南侵，杜充弃东京，奔行在。诏以充为尚书右仆射，兼江淮宣抚使，与刘光世、韩世忠分屯江东以备金。是年冬，金将乌珠旧作兀术渡江，刘光世引兵遁，杜充叛降于金。金人连陷江东西州郡，进寇浙西。帝奔明州。今会稽道故宁波府乌珠陷临安，即杭州升府改名遣兵渡浙追帝，帝航于海。四年正月，金人连破越州、明州，遂袭帝于海，帝走温州。今瓯海道故温州府乌珠焚临安，引兵北还。韩世忠以水兵八千人邀击于江中，大破之。乌珠走建康，江淮统制岳飞以骑兵三百、步兵三千邀击于新城，在今金陵道句容县北大破之。建康不得达，乃复出江中，用闽人王姓计，以火箭焚世忠舟。世忠兵败，乌珠乃还江北。是役，世忠以八千人拒乌珠十万之众，凡四十八日而败，然自是金人亦不敢复渡江矣。是年九月，金人立叛将刘豫为齐帝，以河南地与之。朝廷闻之，凡伪仕于豫而其家属在东南者，悉厚加抚恤。

是时张浚为川陕京湖宣抚处置使，治兵于兴元，今汉中道南郑县以东南危急，率师入卫，闻金兵退，乃还；继闻金兵萃淮上，惧其复扰东南，谋牵制之，欲出兵分道由同州今陕西大荔县鄜今陕西鄜县延今陕西肤施县以捣其虚。乌珠闻警，遂引兵趋陕西。是年九月，浚使都统制刘锡帅陕西五路之师，与乌珠大战于富平，今陕西富平县败绩。金人尽陷陕西州郡，进窥兴元。浚以吴玠为陕西诸路都统制，守和尚原在陕西宝鸡县西南以拒金。玠及其弟磷与金人血战经年，屡破金兵。乌珠知不可犯，始绝意窥蜀。

自黄潜善、汪伯彦去职，朱胜非、吕颐浩、范宗尹相继为宰相，虽数遣使于金，但且守且和，而专意与金人解仇息兵，则自秦桧始。桧在靖康年间，为御史中丞，金人破汴京，执桧，从二帝北去。至燕，依金将达赉，旧作挞懒达赉信之。及南侵以为参谋军事，又以为随军转运使。建炎四年，达赉攻楚州，今江苏淮安县纵桧南旋。至越州，先见宰执，桧首言："如欲天下无事，须是南自南，北自北。"范宗尹及权知三省枢密院事李回素与桧善，力荐其忠，拜礼部尚书。次年，绍兴元年宗尹免，诏以吕颐浩与桧为尚书左右仆射，同平章事，兼知枢密院事。桧欲专权，二年四月，讽帝出颐浩督师镇江，多引知名士布列清要以自助。给事中兼侍读胡安国，以当代名儒，出入禁闼，素闻游酢言桧贤，力言于帝。颐浩还京，憾桧排己，欲去之，问计于席益。益曰："目为党可也。今党魁胡安国在琐闼，宜先去之。"会颐浩荐朱胜非代己为都督，命下，安国奏："胜非正位冢司，值苗刘肆逆，贪生苟容，辱逮君父。今强敌凭陵，叛臣不忌，用人得失，系国安危，深恐胜非上误大计。"帝为罢都督之命，改兼侍读。安国复持录黄不下，颐浩特命检正黄龟年书行，安国争之。是年八月，罢安国提举仙都观，桧三上章留之，不报。侍御史江跻、左司谏吴表臣论胜非不可用，安国不当责，于是与张焘、程瑀、胡世将、刘一止、林待聘、楼炤等二十余人，皆坐桧党落职，桧亦自求去。颐浩讽侍御史黄龟年，劾桧专主和议，沮止国家恢复远图，且植党专权，渐不可长，乃罢桧相，仍榜朝堂，示不复用。先是范宗尹罢相，桧欲得其位，因扬言曰："我有二策，可耸动天下。"或问何不言，桧曰："今无相，不可行也。"帝闻而用之。桧欲以河北人还金，中原人还刘豫，帝曰："桧欲南人归南，北人归北，朕北人将安归？"桧语乃塞。至是诏以此意播告中外，人始知桧之奸。

是年九月，以朱胜非为尚书右仆射，同平章事，兼知枢密院事。颐浩、胜非俱不满意于张浚，乃以王似为川陕宣抚处置副使，召浚还行在，罢其兵柄，居之福州。三年九月，颐浩免。四年三月，以赵鼎参知政事。胜非忌鼎，是年八月，出鼎都督川陕荆襄诸军事。鼎辞以非才，帝曰："四川全盛，半天下之地，尽以付卿，黜陟专之可也。”鼎条陈便宜，复为胜非所抑，乃上疏言：“顷者陛下遣张浚出使川陕，国势百倍于今。浚有补天浴日之功，陛下有砺山带河之誓，君臣相信，古今无贰，而终致物议，以被窜逐。夫丧师失地，浚诚有之，然未必如言者之甚也。大抵专黜陟之典，受不御之权，则小人不安其分，谓爵赏可以苟求，一不如意，便生觖望。是时蜀士至于醵金募人诣阙讼之，以无为有，何以自明？故有志之士，欲为国立事者，每以浚为戒。今臣无浚之功，当此重责，去朝廷远，恐好恶是非，行复纷纷于聪明之下矣。望闵臣孤忠，使得展布四体，少宽陛下西顾之忧。”又言：“臣所请兵，不满数千，半皆老弱；所赍金帛至微。荐举之人，除命甫下，弹墨已行。臣日侍宸衷，所陈已艰难，况在万里之外乎？”会刘豫与金人联兵入寇，胜非力求去。是年九月，罢胜非，以鼎为尚书右仆射，同平章事，兼知枢密院事。金兵日迫，群臣劝帝他幸，散百司以避之。鼎曰：“战而不捷，去未晚也。”帝以为然，遂议亲征。史馆校勘喻樗谓鼎曰：“六龙临江，兵气百倍，然公自度此举果出万全乎，抑姑试一掷也？”鼎曰：“中国累年退避不振，敌情益骄，义不可更屈，故赞上行耳。”樗曰：“然则当思归路耳。张德远有重望，若使宣抚江淮荆浙福建，俾以诸道兵赴阙，则其来路即朝廷归路也。”鼎然之，入言于帝，遣使召浚于福州，拜知枢密院事，使视师江上。鼎奉帝亲征，次于平江。今江苏苏常道即故苏州府诸大将韩世忠、岳飞等屡破金兵。金人闻浚至，乃引还。五年二月，帝还临安，以鼎、浚为尚书左右仆射，并同平章事，兼知枢密院事，都督诸路军马。浚常处外，与诸大将联络，经略中原。六年，会师于江上，将讨刘豫。豫欲先发制人，是年十月，使其子麟侄猊，率师分道寇淮西。浚使诸将杨沂中等大破其兵于藕塘，在今安徽淮泗道定远县东麟等引还。

初，鼎、浚之初入相也，喻樗曰：“二人宜且同在枢府，他日赵退，则张继之。立事任人，未甚相远，则气脉长。若同处相位，万一不合而去，则必更张，是贤者自相背戾矣。”及浚视师江上，遣都督府参议军事吕祉入奏事，所言夸大，鼎每抑之。帝谓鼎曰：“他日浚与卿不和，必吕祉也。”既而浚因论事，语意微侵鼎，鼎遂求去。会浚还自镇江，奏请乘胜攻河南，而车驾幸建康；又言淮西宣抚使刘光世，骄惰不战，请罢其军政。鼎不以为然，求去益力。兵年十二月，罢鼎知绍兴府。七年三月，罢光世兵柄，命吕祉节制其军。于是浚遂独相。

帝之初即位也，数募人使金，称臣奉表以求缓师，且请还二帝，金人不允，使者多被拘囚。建炎元年，朝奉郎王伦奉使至金，尼玛哈拘之云中。伦久困思归，乃倡为和议。绍兴二年，尼玛哈使伦归议和。入对，言金人情伪甚悉，帝优奖之。时方议讨刘豫，和议中格。三年，签书枢密院事韩肖胄还自金，尼玛哈遣使偕来，请还刘豫之俘及西北士民之在南者，且欲画江以益刘豫，与秦桧前议吻合。殿中侍御史常同言："先振国威，则和战常在我；若一意议和，则和战常在彼。靖康以来分为两事，可为鉴戒。"帝不听，续遣枢密都承旨章谊使金，请还两宫及河南地，尼玛哈不许。四年，谊还行在。复遣吏部员外郎魏良臣使金，尼玛哈言："当割建州以南，王尔家为小国，索银绢千万犒军。"良臣还。会赵鼎入相，屡败金兵，和议复中辍。五年，遣忠训郎何藓使金，中书舍人胡寅上疏言："女真惊动陵寝，戕毁宗庙，劫质二帝，涂炭生民，乃陛下之大仇也。自建炎丁未，至绍兴甲寅，卑辞厚礼，以问安迎请为名而遣使者，不知几人矣。知二帝之所在，见二帝之面，得女真之要领，因讲和而能息兵者谁欤？但见通和之使归求息肩，而黄河长淮大江相继失险矣。夫女真知中国所重在二帝，所恨在劫质，所畏在用兵，则常示欲和之端，增吾所重，平吾所恨，匿吾所畏，而中国坐受此饵，既久而后悟也。天下其谓自是改图矣，何为复出此谬计耶？苟曰姑为是，岂有修书称臣，厚费金帛，而成就一姑息之事也；苟曰以二帝之故，不得不然，则前效可考矣。"疏入，诏褒谕之。会张浚奏言："使事兵家机权，后将辟地复土，终归于和，未可遽绝。"乃遣藓行。寅因乞外，出知邵州今湖南湘江道宝庆县，即故宝庆府邵阳县。

秦桧自被斥后，会与金议和，稍复其官，又以张浚荐，授醴泉观使，兼侍读。绍兴六年，刘豫遣兵入寇，帝自将幸平江，为诸将声援。濒行，以桧为行营留守，参决尚书省枢密院事。七年，授枢密使。于是桧复入政府。是年八月，淮西副统制郦琼杀吕祉，拥众叛降刘豫。张浚自以措置乖方，引咎辞职。帝问谁可代者，且曰："秦桧何如？"浚曰："近与共事，方知其暗。"帝曰："然则用赵鼎耳。"乃罢浚，而以鼎为尚书左仆射，同平章事，兼枢密使。言者论浚不已，欲远窜之，鼎力为解释，乃贬秘书少监，安置永州今湖南衡阳道零陵县，即故永州府。

是年闰十月，金人废刘豫。是时王伦复奉使如金，金人遣伦还，许还徽宗帝后梓宫及帝生母韦太后，且许归河南地。帝大喜，复使伦如金，奉迎梓宫。

初，张浚常与赵鼎论人才，浚极称桧善，鼎曰："此人得志，吾辈无所措足矣。"及鼎再相，桧在枢密，一惟鼎言是从，鼎由是深信之，言桧可大任于帝。八年三月，复以桧为尚书右仆射，同平章事，兼枢密使，与鼎并相。制下，朝士相贺，独吏部侍郎晏敦复有忧色曰："奸人相矣。"闻者皆以其言为过。

是年五月，王伦偕金使来，许还河南、陕西地。秦桧复请遣伦如金，定和议。左正言辛次膺上书力谏，不报。

参知政事刘大中，与赵鼎不主和议，秦桧忌之，荐萧振为侍御史，劾大中，罢之。帝意不乐鼎，给事中勾涛因诋鼎结台谏及诸将。鼎引疾求退。是年十月，罢鼎知绍兴府。鼎入辞，言于帝曰："臣去后，必有以孝悌之说胁制陛下者。"将行，桧率执政饯之，鼎不为礼，一揖而去，桧益憾之。桧知帝意不移，始出文字，乞决和议，引勾龙如渊为御史中丞，相与排斥异议者，稍稍逐之，以孙近参知政事。

是月，金以张通古为江南诏谕使，来言归河南、陕西地。至临安，要帝待以客礼。诏秦桧摄冢宰，诣馆受书。礼部侍郎兼直学士院曾开当草国书，辨视体制非是，论之，不听，遂请罢，改兼侍读。于是开与从官张焘、晏敦复等二十人，皆上书极言不可和。枢密院编修官胡铨上书曰："臣谨按：王伦本一狎邪小人，市井无赖，顷缘宰臣无识，举以使金。专务诈诞，欺罔天听，今者无故诱致金使，以诏谕江南为名，是欲刘豫我也。陛下奈何以祖宗之天下，为金人之天下，以祖宗之位，为金藩臣之位。异时豺狼无厌之求，安知不加我以无礼如刘豫者哉！今伦之议曰，我一屈膝，则梓宫可还，太后可复，渊圣可归，中原可得。呜呼！自变政以来，主和议者，谁不以此说啖陛下哉？然而卒无一验，则敌之情伪已可知矣。而陛下尚不觉悟，竭民膏血而不恤，忘国大仇而不报，含垢忍耻，举天下臣之而甘心焉，可为痛哭流涕长太息矣！臣窃谓不斩王伦，国之存亡未可知也。秦桧以腹心大臣，不能致君如唐虞，欲导陛下如石晋。孙近傅会桧议，遂得参政，伴食中书，漫不敢可否。桧曰可和，近亦曰可和；桧曰天子当拜，近亦曰当拜。呜呼！参赞大事，徒取充位如此。有如敌骑长驰，尚可折冲御侮耶？臣窃谓桧、近亦可斩也。臣备员枢属，义不与桧等共戴天。区区之心，愿断三人头，悬之藁街，然后羁留金使，责以无礼，徐兴问罪之师，则三军之士，不战而气自倍。不然，臣有赴东海而死，宁能处小朝廷求活耶！"书上，桧以铨狂妄凶悖，鼓众挟持，诏除名，编管昭州，仍降诏播告中外。给舍台谏及朝臣多救之，桧迫于公论，改铨监广州都盐仓。宜兴进士吴师古锓铨疏于木，坐流袁州。朝士陈刚中属启事贺铨之谪，坐贬知虔州安远县。皆卒于配所。枢密副使王庶力言金不可和，诏罢庶知潭州。故相李纲时在福州，张浚在永州，皆上疏力争，不报。淮东、京东宣抚使韩世忠、湖北、京西宣抚使岳飞，亦先后上疏力争，亦不报。

九年三月，金人来归河南、陕西地。诏以王伦为东京留守，交割地界。遣判大宗正事士㒟、兵部侍郎张焘，诣河南修奉陵寝。自永昌而下，皆遇发掘，而哲宗陵至暴露。焘还临安，上奏曰："金人之祸，上及山陵，虽殄灭之，未足以雪此耻复此仇也！必不可恃和盟而忘复仇之大事。"帝问诸陵寝何如，焘不对，惟言"万世不可忘此贼"。帝默然。秦桧患之，出焘知成都府。权吏部尚书晏敦复力诋和议之非，黜知衢州今浙江金华道衢县。

是时秦桧议撤淮南守备，夺诸将兵权，参知政事李光极言："戎狄狼子野心，和不可恃，备不可撤。"复折桧于帝前曰："观桧之意，是欲壅蔽升下耳目，盗弄国权，怀奸误国，不可不察。"桧大怒，是年十二月，出光知绍兴府，旋改提举洞霄宫。

十年五月，金将乌珠、撒离喝分道入寇，复陷河南、陕西州郡。秦桧以其言不售，甚惧，使给事中冯楫探上旨。楫入见曰："金人长驱犯顺，势必兴师，如张浚者，且须以戎机付之。"帝正色曰："宁至覆国，不用此人。"桧闻之喜。

先是赵鼎在绍兴，秦桧恶其逼己，徙知泉州，又讽司谏谢祖信等论鼎，罢为提举洞霄宫。鼎自泉还，复上书言时政。桧忌其复用，讽中丞王次翁等诬以罪，谪居潮州。次翁因金人败盟，惧桧得罪，言于帝曰："前日国是初无主议，事有小变，更用他相。后来者未必贤，而排黜异党，纷纷累日不能定。愿升下以为至戒。"帝深然之。桧听其言，引次翁参知政事。秘阁修撰张九成等七人皆言和议非计，桧怒，贬其官。

是时诸大将吴璘败金人于扶风，今关中道扶风县田晟败金人于泾州，今泾原道泾川县撒离喝走凤翔。刘锜大败金人于顺昌，今淮泗道故颍州府乌珠走汴。韩世忠复海州，王德复宿州，岳飞连败金人于京西，恢复河南州郡，进兵至郾城，今开封道郾城县大破乌珠兵。两河豪杰闻风响应，遂复怀卫州，断金人山东、河北之道。中原尽磁相泽潞晋绛汾隰之境，皆期日兴兵与官军会。自燕以南，金人号令不行，乌珠大恐，欲弃汴北走。飞大喜，语其下曰："直抵黄龙府，与诸军痛饮耳！"方指日渡河，而秦桧欲画淮以北与金和，讽台臣请班师。飞奏："金人锐气阻丧，尽弃辎重，疾走渡河，而我豪杰闻风，士卒用命，时不再来，机难轻失。"桧知飞志锐不可回，乃先请诸大将张俊、杨沂中等归，而后上言飞孤军不可久留，乞速诏还。飞一日奉十二金字牌，乃愤惋泣下，东面再拜曰："十年之功，废于一旦！"遂自郾城引兵还，民从而南归者如市。乌珠遣兵追之，不及。而河南新复府州皆复为金有。金人追败杨沂中兵，屠宿州；次年十一年正月，陷寿春，遂渡淮，入庐州。诏张俊、杨沂中还兵救淮西，复诏韩世忠救之，命岳飞进兵江州。二月，沂中与刘锜败乌珠于柘皋，在今安庆道巢县西北遂复庐州。三月，诏俊、沂中、锜班师。金人乘虚陷濠州，俊使沂中救之，败绩，乃与锜皆渡江而南。韩世忠引兵来援，战于濠州城下，不利而退。岳飞帅兵救濠州，不及，还次舒州。乌珠闻飞至，乃渡淮北去。

秦桧力主和议，恐诸将难制，欲尽收其兵权。给事中范同献计于桧，请除淮东宣抚使韩世忠，淮西宣抚使张俊，湖北、京西宣抚使岳飞枢府，则兵柄自解。桧喜，奏请征三大将入朝，以世忠、俊为枢密使，飞为副使，旋罢三宣抚司，以其兵隶御前。解刘锜兵柄，命知荆南府。进桧尚书左仆射，以同参知政事。

第四节　岳飞之狱

岳飞素以恢复为己任，不肯附和议。刘豫之南寇也，飞败其兵于唐州，恢复河南西部州郡，上书请进兵恢复中原。帝不许，飞乃还鄂。绍兴七年，飞上书，谓“钱塘僻在海隅，非用武地，愿建都上游，亲率六军往来督战，庶将士知圣意所向，人人用命。”不报。刘豫之废也，飞奏：“乘废豫之际，捣其不备，长驱以取中原。”韩世忠亦上疏言：“机不可失，请全师北讨。”不报。和议之成也，飞上言：“金人不可信，和好不可恃，相臣谋国不臧，恐贻后世讥。”秦桧衔之。及赦文至鄂，飞又上疏力陈和议之非，至有“愿定谋于全胜，期收地于两河，唾手燕云，终欲复仇而报国，誓心天地，尚令稽首以称藩”之语，桧益怒，遂成仇隙。和议成，例加爵赏，飞加开府仪同三司，力辞，言：“今日之事，可危而不可安，可忧而不可贺，可训兵饬士，谨备不虞，而不可论功行赏，取笑敌人。”三诏，不受。帝温言奖谕之，飞不得已，受命。士㒟、张焘诣河南修奉陵寝，飞请以轻骑从洒扫，实欲观衅以伐谋。桧忌飞成功，白帝不许。郾城之捷，乌珠大恐，欲弃汴北走，有书生扣马曰：“太子毋走，岳少保且退矣。自古未有权臣在内，而大将能立功于外者。岳少保身且不免，况欲成功乎？”乌珠悟，遂留不去。飞还至鄂，力请解兵柄，不许。乌珠遗桧书曰："汝朝夕以和请，岳飞方为河北图，必杀飞，始可和。"桧亦以飞不死，终梗和议，己必及祸，遂讽中丞何铸、侍御史罗汝楫、谏议大夫万俟卨交章论飞，罢为万寿观使，奉朝请。张俊素忌飞，桧与俊谋，诬飞部将张宪谋据襄阳，还飞兵柄。逮宪至临安，矫诏下飞及其子云于大理寺狱，命何铸与大理卿周三畏鞫之。铸察其冤，白桧，桧曰："此上意也。"铸曰："铸岂区区为岳飞者，强敌未灭，无故戮一大将，失士卒心，非社稷之长计。"桧语塞，乃改命万俟卨。大理寺卿薛仁辅、寺丞李若朴、何彦猷皆言飞无辜。判宗正寺事齐安王士㒟请以百口保飞无他，且曰："中原未靖，祸及忠义，是忘二圣不欲复中原也。"皆不听。韩世忠心不平，诣桧诘其实，桧曰："飞子云与张宪书虽不明，其事莫须有。"世忠曰："莫须有三字，何以服天下也！"

是年十月，以魏良臣为金国禀议使，奉表请和于金。韩世忠深以和议为不然，抗疏言秦桧误国之罪。桧讽言官论之，罢为醴泉观使。

是年十一月，乌珠遣使与魏良臣偕来，议以淮水为界，京西割唐邓二州，陕西割商秦之半及陇西成纪余地，以大散关在今陕西关中道宝鸡县西南为界，岁贡银绢各二十五万，仍许归梓宫、太后。帝悉从其请，以何铸签书枢密院事，奉表称臣于金。

十二月，秦桧使人杀岳飞于大理狱，云与张宪皆弃市，幕属于鹏等从坐者六人。籍飞家赀，徙之岭南。薛仁辅、李若朴、何彦猷皆免官。放齐安王士㒟于建州，卒于配所。布衣刘允升上书讼飞冤，下大理狱死。凡傅成其狱者皆进秩。何铸还自金，桧恨其不傅会岳飞之狱，讽万俟卨论其过，责授秘书少监，安置徽州。

初，知商州今陕西关中道商县邵隆在州十年，披荆榛瓦砾以为治，招徕流散，屡破金兵，值和议成，割商与金，隆常怏怏，徙知金州。今陕西汉中道兴安县尝以兵出虏境，秦桧恨之，徙知叙州，今四川永宁道宜宾县阴使人鸩杀之。

十二年，金遣使来，以衮冕册帝为大宋皇帝，归徽宗、郑太后及皇后邢氏之丧，送帝生母韦太后还临安，自是两国信使往来不绝。诏加秦桧太师，封魏国公，旋进封秦魏两国公。桧以封两国与蔡京同，辞不拜。

第五节 李孟坚之狱、王之奇之狱与赵汾之狱

秦桧忌王庶、李光，讽中丞万俟卨论光阴怀怨望。十一年冬，安置光于藤州。今广西苍梧道藤县守臣希桧旨，以光诗有讽刺者献于桧，桧怒，令言者论之，再窜琼州。今广东琼崖道琼山县十二年夏，安置庶于道州今湖南衡阳道道县。

桧怨赵鼎不附和议，凡鼎所善者，如张九成、折彦质等，皆指为鼎党，贬斥之。鼎在潮州今广东潮循道潮安县五年，杜门谢客，时事不挂口，有问者，引咎而已。十四年秋，中丞詹大方希桧意，劾鼎与其党范冲邪谋密计，转相煽惑，徙鼎于吉阳军。今广东琼崖道琼县十五年秋，张浚因星变言事，桧令中丞何若劾之，放之连州，今广东岭南道连县旋徙永州，以其死党张柄知潭州，与郡丞汪召锡共伺察之。

赵鼎至吉阳，潜居深处，门人故吏，皆不敢通问，惟广西帅张宗元时馈醪米。会降旨，赵鼎、李光遇赦永不检举，且令本军月具存亡申省。鼎遣人语其子汾曰："秦桧必欲杀我。我死，汝曹无患；不尔，祸及一家矣。"遂不食而死。天下闻而悲之，时绍兴十七年秋八月也。参知政事段拂闻鼎死，为之叹息。秦桧怒，使侍御史余尧弼论拂，免其官，安置兴国军今湖北江汉道阳新县即故兴国州。

四川宣抚副使郑刚中，治蜀有方略，桧忌之，使人求其阴事，召还，责桂阳军今湖南衡阳道桂阳县安置。浙东副总管李显忠熟知西边山川险易，因上恢复策，桧恶之，降官奉祠，居之台州。今浙江会稽道临海县桧忌胡铨，讽司谏罗汝楫论铨饰非横议，窜之新州；同郡王廷珪常以诗赠铨，坐流辰州。今湖南辰沅道沅陵县十八年冬，新州守张棣承桧旨，论铨与客唱酬，谤讪怨望，诏送海南编管。

李光在琼州，常作私史，其仲子孟坚为所亲陆升之言之，升之讦其事。秦桧命两浙转运副使曹泳究实，泳言孟坚省记父光所作小史，语涉讥讪。二十年春，下孟坚于大理狱，流之峡州。今湖北荆南道宜昌县诏光遇赦永不检举，于是胡寅、程瑀、潘良贵、宗颖、张焘、许忻、贺允中、吴元许八人皆缘坐，降责有差。从政郎杨炜、常州通判沈长卿旧与李光言和戎非便，知雷州王趯求内徙光，皆坐贬。太常主簿吴光美作夏二子传，指蚊蝇也，其乡人告之，以为讥毁大臣，又言其家有亭号潜光，有心于党李，堂名商隐，无意于事，桧大怒，窜之容州今广西苍梧道容县。

王庶卒于贬所，其子之奇、之荀抚棺而哭曰："秦桧秦桧，此仇必报！"亲旧皆掩其口曰："祸不远矣。"二十二年春，为人所告，坐谤朝廷，编管之奇于

梅州，今广东潮循道梅县即故嘉应州之荀于容州。又以直龙图阁叶三省、监都作院王远尝通书庶及赵鼎，力诋和议，安置三省于筠州，今江西庐陵道高安县远于高州今广东高雷道茂名县。

秦桧于所居之一德格天阁，书赵鼎、李光、胡铨姓名，必欲杀之，及鼎死而憾不已。江西运判张常先、笺注前帅张宗元与张浚诗，言于胡，其词连逮者数十家，将诬以不轨而尽去之。会汪召锡告宗室知泉州令衿观桧家庙记，口诵君子之泽，五世而斩，谪居汀州，今福建汀漳道长汀县桧乃讽殿中侍御史徐嘉，论赵汾与令衿饮别厚赆，必有奸谋。二十五年秋，逮汾、令衿下大理狱鞫问，使汾自诬与张浚、李光、胡寅、胡铨等五十三人谋大逆，将骈诛之，狱成而桧病，不能书矣。

是年十月，桧疾笃，诏进封桧建康郡王，加其子熺少师，并令致仕。是夕，桧死。台谏汤鹏举等累疏言桧之奸，请逐其亲党。诏安置户部侍郎曹泳于新州，罢端明殿学士郑仲熊等四人，徙侍御史徐嘉、正言张扶为他官，罢知建康府王会等六人，窜吕愿中等于远州。秦埙、曹冠等，俱以桧子孙亲戚滥科，革正之。莫汲、张常先等八人，并以告讦滥叨官爵，送远郡编管。

旋释赵汾、李孟坚、王之奇等，并令自便。十二月，复张浚、胡寅、张九成等三十九人官，徙李光、胡铨于近州。二十六年正月，追复赵鼎、郑刚中等官。于是中外诸臣，凡为桧所诬陷者，皆以次昭雪。三十二年夏，帝传位于太子。太子即位，是为孝宗，追复岳飞官，以礼改葬，官其子孙六人，于是岳忠武王之冤亦昭雪矣。

桧居相位十九年，倡和误国，忘仇斁伦，包藏祸心，劫制君父，性阴险深阻，如崖阱不可测，同列论事上前，未尝力辨，但以一二语倾挤之，俾帝自怒。一时忠臣良将，诛锄略尽，其顽钝无耻者，率为桧用，争以诬陷善类为功，凡无罪可状者，则曰“立党沽名”，曰“讪谤”，曰“指斥”，甚则曰“有无君心”。凡论人章疏，皆桧自操以授言官。识之者曰：“此老秦笔也。”晚年残忍尤甚，屡兴大狱。察事之卒，布满京城，稍议之者即捕治，中以深文，专务罗织。执政惟取备员，甫入辄出。立久任之说，士淹滞失职，有十年不调者，然附之则立与擢用。开门受赂，富敌于国，外国珍宝，死犹及门。阴结内侍及医师王继先，伺上微旨，动静必具知之。郡国事惟申省，无至上前者。桧每事与帝争胜，曹筠言水涨，诏逐之，桧升为从官；周葵欲言梁汝嘉，桧不待帝言，即改除之。由是张扶请桧乘金根车，吕愿中献秦城王气诗，其势渐不可制。桧既死，帝谓杨存中即沂中改名曰，今日始免防桧逆谋矣。

第八章
南宋中年伪学之禁

第一节　伪学之禁之由来

政争之剧烈，党祸之频繁，为有宋一代特色。政治上有党祸，学术上亦有党祸。学术上之党祸，时常随政治上之党祸为转移。政治上占优胜地位者，其学术常为社会所尊崇；政治上居劣败地位者，其学术常为社会所鄙弃。以政治上之实力左右学术，崇拜其人者，并其学术而提倡之；鄙夷其人者，并其学术而禁锢之。此种局面，实创始于宋，前此所未闻也。北宋政治上之党祸，始于王安石之创行新法，终于蔡京之排斥正人。而北宋以亡，南宋政治上之党祸，始于汪黄之反对李纲、宗泽，甚于秦桧之谋害赵鼎、张浚、岳飞。而南宋以弱，学术上之党祸，始于蔡京排斥元祐诸贤。禁其学说，甚于秦桧之禁绝程学。及韩侂胄当国，反对朱子，并其门人与私淑弟子一同禁锢之，号为伪学，而其祸极矣。盖权相最不满意于清议，书生好持正论，动辄招权相之忌。目为朋党，只能排斥政界诸人，学界之莘莘士子无恙，其主持清议自若也；惟称以伪学，则教育家、著述家、研究家，胥在朝在野，皆包括于其内，而一网打尽矣。兹述其事迹如左。

第二节　伪学之禁以前王学派与程学派之倾轧

初，神宗笃意儒学，从王安石议，罢诗赋及明经诸科，专以经义论策试士，增修太学。安石与其子雱及吕惠卿，训释《诗》《书》《周礼》，颁于学官，号曰《三经新义》。主司纯用以取士，先儒传注一切废弃，是为以国力推行王学之始。又罢《春秋》，不列于学官。安石又以字学久不讲，作《字说》以进，多穿凿附会，糅杂佛老。

哲宗元祐中，旧党内阁成立，罢新法，立十科取士法，置春秋博士，禁科举引用《字说》及佛老之书，解经参用诸儒学说，毋得专取王氏，又复诗赋，与经义并行，立为两科。于是王氏学说受一打击。

绍述之论起，罢十科举士法，诏进士罢诗赋，专习经义，除《字说》之禁，复废春秋科。国子监请以安石所撰《字说》《洪范传》及王雱《论语》《孟子》义刊板传学者，学校学子之文靡然从之。于是王学复盛。

徽宗崇宁中，再倡绍述。蔡京当国，罪状元祐诸贤，谓之奸党，禁其学术。毁范祖禹《唐鉴》及三苏、黄庭坚、秦观文集。言者谓故直秘阁程颐邪说诐行，惑乱众听，而尹焞、张绎为之羽翼，诏河南府悉逐学徒，其所著书，令监司严加觉察，是为以国力排斥程学之始。寻以安石配享孔子，位次孟子，追封舒王；子雱为临川伯，从祀孔庙。宣和中，再禁元祐学术。举人传习者以违制论。闽人印造司马光等文集，诏毁其版。有收藏习用苏黄之文者，并令焚毁。犯者以大不恭论。

靖康难起，始除元祐党籍学术之禁，复置春秋博士，禁用王氏《字说》。国子祭酒杨时上书，谓“安石著为邪说，以涂学者耳目，败坏其心术。伏望追夺王爵，明诏中外，毁去配享之像，使邪说淫辞不为学者之惑”。诏罢安石配享，降居从祀之列。于是王氏学说又受一次打击。是时诸生习用王氏学以取科第者已数十年，忽闻杨时目为邪说，群论籍籍。御史中丞陈过庭、谏议大夫冯澥上疏诋时。诏罢时祭酒，改给事中。时力辞，遂以徽猷阁待制致仕。

高宗即位，科举兼用经义诗赋，复十科取士法。是时王学、程学并行于朝野，而程门诸子杨时、尹焞等为世所重。吏部员外郎陈公辅不喜专门之学，上疏言：“安石政事坏人才，学术坏人心。《三经》《字说》，诋诬圣人，破碎大道，非一端也。《春秋》正名分，定褒贬，俾乱臣贼子惧，安石使学者不治《春秋》；

史汉载成败安危存亡理乱，为世龟鉴，安石使学者不读史汉；扬雄不死王莽之篡，而著《剧秦美新》之文，安石乃曰合于孔子无可无不可之义；冯道事四姓八君，安石乃曰，善避难以存身。使公卿皆师安石之言，宜其无气节忠义也。”疏入，帝大喜，授左司谏。公辅复上书，言：“今世取程颐之说，谓之伊川之学，相率从之，倡为大言。谓尧舜文武之道传之仲尼，仲尼传之孟轲，孟轲传之颐，颐死遂无传焉。狂言怪语淫说鄙论，曰此伊川之文也；幅巾大袖高视阔步，曰此伊川之行也。师伊川之文，行伊川之行，则为贤士大夫，舍此皆非也。乞禁止之。”遂诏“士大夫之学，宜以孔孟为师，庶几言行相称，可济时用”。时方召尹焞为崇政殿说书，胡安国提举万寿观，兼侍读。安国闻公辅乞禁程氏学，乃上疏言：“孔孟之道，不传久矣。自颐兄弟始发明之，然后知其可学而至。今使学者师孔孟，而禁从颐学，是入室而不由户也。夫颐于《易》，因理以明象，而知体用之一原；于《春秋》，见于行事，而知圣人之大用；诸经《语》《孟》，皆发其微旨，而知其入德之方，则狂言怪语，岂其文哉？孝弟显于家，忠诚动于乡，非其道义，一介不以取与，则高视阔步，岂其行哉？自嘉祐以来，西都有邵雍、程颢及其弟颐，关中有张载，皆以道德名世，著书立言，公卿大夫所钦慕而师尊之。及王安石、蔡京等曲加排抑，故其道不行。望下礼官，讨论故事，加之封爵，载在祀典，仍诏馆阁裒其遗书，羽翼六经，使邪说者不得作，而道术定矣。”疏入，公辅与中丞周秘、侍御史石公揆交章论安国学术颇僻。除知永州，安国辞不就。旋以尹焞提举万寿观，兼侍讲，焞辞不拜。

和议既定，诏诸州修学官。又建太学，养士七百人，别立宗学以教诸宗子。盖秦桧以之粉饰太平也。桧恶士论不服己，力摈正人。右正言何若希桧旨，上书指程颐、张载遗书为专门曲学，请戒内外师儒之官，力加禁绝。桧从之。自是程学为世大禁者十余年，及桧死，始解。

第三节　伪学之禁之始末

自程颢、程颐学于周敦颐，传孔孟千载之学，其门人杨时，传之罗从彦，从彦传之李侗。朱熹师侗，其书大要格物以致其知，反躬以养其性，而以居敬为主。盖本于二程之说，而发挥光大之，故尤有盛名。流俗丑正，多不便之，遂有道学之目，阴以攻诋。孝宗即位，熹应诏上书陈时政得失。宰相汤思退方主和议，不悦熹，除武学博士，旋罢归。陈俊卿、刘琪、梁克家秉政，屡荐熹，授枢密院编修官，辞不就。淳熙三年，孝宗十四年召熹为秘书郎，复力辞不至。史浩秉政，荐熹知南康军，再辞，不许，乃就职。值岁不登，讲求荒政，多所全活。五年，侍御史谢廓然请禁有司毋以程颐、王安石之说取士，秘书郎赵彦中复上疏排斥洛学，帝从之。七年，以熹提举江西常平茶盐。八年，浙东大饥，宰相王淮荐熹，改提举浙东常平茶盐。熹单车之任，凡政有不便于民者，悉厘革之。郡县官吏惮其风采，至自引去。所部肃然，行部至台州，知州唐仲友为其民所讼，熹按得其实，上疏劾之。而仲友与王淮同里，浙江金华人且为姻家，已除江西提刑，未行而熹论之，淮匿其章不以闻，熹论益力，章前后六上。淮不得已，夺仲友江西新命以与熹，熹辞不拜。淮深怨熹，欲沮其进用。吏部尚书郑丙、监察御史陈贾希淮旨，请禁道学，帝从之。由是道学之名贻祸于世。直学士院尤袤言于帝曰："道学者，尧舜所以帝，禹汤文武所以王，周公孔孟所以设教。近立此名诋訾士君子，故临财不苟得，所谓廉介；安贫守道，所谓恬退；择言顾行，所谓践履；行己有耻，所谓名节，皆目之为道学。此名一立，贤人君子欲自见于世，一举足且入其中，俱无得免。此岂盛世所宜有？愿循名责实，听言观行，人情庶不怀于疑似。"帝不能从。

十五年，王淮罢，右丞相周必大荐熹，征人奏事。或要于路曰："正心诚意之论，上所厌闻，慎勿复言。"熹曰："吾平生所学惟此四字，岂可隐默以欺吾君乎？"及入对，除兵部郎官。林栗论"熹本无学术，徒窃张载、程颐之绪余，为浮诞宗主，谓之道学……绳以治世之法，则乱人之首也"。帝不悦，出熹为江西提刑。周必大与左补阙薛叔似、太常博士叶适皆上书代熹剖辨。侍御史胡晋臣复上劾疏栗，"喜同恶异，无事而指学者为党"。乃出栗知泉州。今福建厦门道晋江县熹亦力辞不拜。

光宗即位，殿中侍御史刘光祖上疏，乞禁讥议道学者。是年，廷试举人，婺州今浙江金华道金华县进士王介策亦言："今之所谓道学者，即世之君子正人也。君子正人之名不可逐，故设为此名一网去之。圣明在上，而天下以道学为讳，将何以立国哉！"帝嘉叹，擢为第三。由是道学之讥少沮。后以熹知潭州事在绍熙四年。

是时孝宗禅位，称寿皇，居重华宫。光宗有心疾。皇后李氏性妒悍，生嘉王扩。高宗在位时，后常诉帝左右于高宗及寿皇。高宗不怿，寿皇亦屡训敕，后深以为憾。及帝即位，后恣横弥甚，常因内宴，请立嘉王扩为太子。寿皇不许，后曰："妾，六礼所聘；嘉王，妾亲生也，何为不可？"寿皇大怒。后退，持嘉王泣诉于帝，谓寿皇有废立意。帝惑之，遂不朝寿皇。后又以黄贵妃有宠，因帝祭太庙，宿斋宫，阴杀贵妃，以暴卒闻。翌日，合祭天地，风雨大作，黄坛烛尽灭，不能成礼而罢。帝悲哀震惧，疾增剧，不视朝，政事多决于后。

绍熙五年光宗五年正月，寿皇寝疾，群臣请帝省视，不报，而与后幸玉津园。六月，寿皇崩，帝称疾不出治丧。丞相留正请立嘉王扩为太子，代行丧礼，不许。知枢密院事赵汝愚密建内禅之意，遣知阁门事韩侂胄入奏太皇太后吴氏，高宗后。侂胄琦五世孙，太后女弟之子也请太皇太后垂帘，引嘉王扩入即位，是为宁宗。尊光宗为太上皇帝，立侂胄从女韩氏为皇后。侂胄欲推定策功，汝愚曰："吾宗臣，汝外戚也，何可以言功？"乃加侂胄汝州防御使，侂胄大失望。然以传导诏旨，浸见亲幸，时时乘间窃弄威福。

先是帝在嘉王府时，翊善黄裳、直讲彭龟年数称道朱熹之贤，帝心向慕之。至是赵汝愚首荐熹，乃召为焕章阁待制，兼侍讲。是时韩侂胄浸谋预政，留正每裁抑之。侂胄怒，间之于帝，罢正知建康府，引其党刘德秀、刘三杰等居言路，相与排斥正人。右正言黄度将上疏论之，侂胄觉其意，出度知平江府。朱熹忧其害政，约吏部侍郎彭龟年同劾侂胄。会龟年出护使客，不果。熹每因进对，为帝剀切言之。侂胄怒，使优人峨冠阔袖，象大儒，戏于帝前。因乘间言熹不可用，罢熹经筵。赵汝愚廷诤，帝不省。中书舍人陈傅良封还录黄。起居郎刘光祖、起居舍人邓驲、御史吴猎、吏部侍郎孙逢吉、监登闻鼓院游仲鸿交章留熹，皆不报。傅良、光祖亦坐罢。工部侍郎黄艾因侍讲，问逐熹之骤，帝曰："始除熹经筵耳，今乃事事欲与闻。"艾力辨其故，帝不听。旋进侂胄枢密都承旨，侍讲彭龟年条奏其奸，请去之，诏出龟年于外郡。给事中林大中、中书舍人楼钥缴奏以为非是，不听。参知政事陈骙持不可，并罢骙，而以侂胄党京镗代之。

侂胄欲去赵汝愚而难其名，谋于京镗。镗曰："彼宗姓也，汝愚太宗子，楚王元佐七世孙诬以谋危社稷，则一网打尽矣。"侂胄然之，以秘书监李沐尝有怨于汝愚，引为右正言，使奏"汝愚以同姓居相位，将不利于社稷"。庆元元年，宁宗元年罢汝愚提举洞霄宫；直学士院郑湜坐草制词无贬词，免官。兵部侍郎章颖、国子监祭酒李祥皆言汝愚不可去，知临安府徐谊、国子博士杨简，亦抗章请留汝愚，李沐劾为党，皆斥之。太府寺丞吕祖俭上书诉赵汝愚之忠，并论朱熹老儒，彭龟年旧学，李祥老成，不当罢斥，语侵韩侂胄。有旨："祖俭朋比罔上。"送韶州今广东岭南道曲江县安置。中书舍人邓驲缴奏祖俭不当贬，不从。中书舍人楼钥因进讲读论及之。侂胄语人曰："复有论奏祖俭者，当处以新州。"众乃不敢复言。太学生杨宏中、周端朝、张衜、林仲麟、蒋傅、徐范等六人伏阙上书，诉赵汝愚之冤，论李沐之诬罔，请窜沐以谢天下，召还李祥、杨简以收士心。疏入，诏宏中等罔乱上书，煽摇国是，悉送五百里外编管。

汝愚既斥，侂胄之权益盛。士大夫素为清议所摈者，乃教以凡相与异者，皆道学之人也，阴疏姓名授之，俾以次斥逐；或又言以道学目之，则有何罪，当名曰伪学。盖谓贪黩放肆乃人真情，廉洁好修者皆伪耳。由是有伪学之目，善类皆不自安。是年六月，右正言刘德秀希侂胄旨，上疏请考核真伪，以辨邪正。诏下其章，由是国子博士孙元卿、袁燮、国子正陈武皆罢。国子司业汪逵上章辨白，德秀以逵为狂言，并免其官。中丞何澹急欲执政，亦上疏言："专门之学流而为伪，空虚短拙，文诈沽名，愿风厉学者，专师孔子，不必自相标榜。"诏榜于朝堂。吏部郎官糜师旦希旨，复请考核真伪，迁左司员外郎。又有张贵模者，指论太极图，亦被赏擢。于是草茅之士热中富贵者，皆知朝廷意旨所在，急掊击正人，以干禄求进矣。

韩侂胄忌赵汝愚，必欲置之死地。中丞何澹、监察御史胡纮希旨论之。是年十一月，窜汝愚于永州。当制舍人汪义端、迪功郎赵师召希旨，请杀汝愚，帝不许。二年正月，汝愚行至衡州，今湖南衡阳道衡阳县疾作；衡守钱鍪承侂胄密谕，窘辱百端，汝愚暴卒。天下闻而冤之。

是年二月，以端明殿学士叶翥与刘德秀同知贡举。翥等奏言："伪学之魁，以匹夫窃人主之柄，鼓动天下，故文风不能丕变。乞将语录之类尽行除毁。"故是科取士，稍涉义理者悉皆黜落。六经语孟中庸大学之书为世大禁。淮西总领张釜上书，请"明诏在位之臣，上下坚守勿变，毋使伪言伪行乘间而入，以坏既定之规模"。诏除釜左司郎官，而以何澹参知政事，叶翥签书枢密院事。

中书舍人汪义端引唐李林甫故事，以伪学之党皆名士，欲尽除之，太皇太后闻而非之，帝乃诏："台谏给舍论奏，不必更及旧事，务在平正以副朕建中之意。"诏下，韩侂胄及其党皆怒。刘德秀与御史张伯垓、姚愈等上疏力争以为不可，乃改"不必更及旧事"为"不必专及旧事"。自是侂胄与其党攻治之意愈急矣。殿中侍御史黄黼上言："治道在黜首恶而任其贤，使才者不失其职，而不才者无所憾。故仁宗常曰，朕不欲留人过失于心。此皇极之道也。"疏上，忤侂胄意，免其官。太常少卿胡纮上书，请禁用伪学之党，诏宰执权住进拟；大理司直邵裒然言："三十年来，伪学显行，场屋之权尽归其党，乞诏大臣审察其所学。"诏伪学之党勿除在内差遣。已而言者又论伪学之祸，乞鉴元祐调停之说，杜其根源。遂诏监司帅守荐举改官，并于奏牍前，声说非伪学之人。会乡试漕司前期取家状，必令书"以不是伪学"五字。

是时台谏皆韩侂胄所引，汹汹争欲以熹为奇货，然无敢先发者。胡纮未达时，有憾于熹，及拜监察御史，锐然以击熹自任，物色无所得，经年酝酿，章疏乃成；会改太常少卿，不果。沈继祖者，为小官时，尝采摭熹语孟之语以自售，至是以追论程颐，得为御史。纮以疏草授之继祖，谓可立致富贵，遂诬论熹十罪，且言："熹剽窃张载、程颐之绪余，以吃菜事魔之妖术，吃菜事魔谓熹奉邪教也。参观陈垣《摩尼教入中国考》第十四章簧鼓后进，张浮驾诞，私立品题，收召四方无行义之徒，以益其党伍。潜形匿迹，如鬼如魅，乞加少正之诛，以为欺君罔世污行盗名者之戒。其徒蔡元定佐熹为妖，乞编管别州。"诏从之。庆元二年十二月，削熹官，窜元定于道州。已而选人徐嚞上书，乞斩熹以绝伪学，参知政事谢深甫抵其书于地，语同列曰："朱元晦、蔡元定，不过自相讲明耳，果何罪乎！"事乃止。三年十二月，知绵州今四川西川道绵阳县王沇上疏，乞置伪学之籍，仍自今曾受伪学举荐关陞及刑法廉吏自代之人，并令省部籍记姓名，与闲散差遣，从之。吏部侍郎黄由上言："人主不可待天下以党与，不必置籍以示不广。"殿中侍御史张岩劾由阿附，罢之，而擢沇为利州路转运判官。于是伪学逆党得罪著籍者，宰执，则有赵汝愚、留正、周必大、王蔺等四人；待制以上，则有朱熹、徐谊、彭龟年、陈傅良、薛叔似、章颖、郑湜、楼钥、林大中、黄由、黄黼、何异、孙逢吉等十三人；余官，则有刘光祖、吕祖俭、叶适、游仲鸿、吴猎、李祥、杨简、汪逵、孙山卿、袁燮、陈武等三十一人；武臣则有皇甫斌等三人；士人则有杨宏中、周端朝、张衜、林仲麟、蒋傅、徐范、蔡元定、吕祖泰等八人，凡五十九人。四年，用右谏议大夫姚愈言，复下诏申严伪学之禁。五年，用蔡琏诬告，夺前起居舍人彭龟年等官，旋放刘光祖于房州。今湖北襄阳道房县六年三月，朱熹卒。右正言施康年言"四方伪徒聚于信上，信江在今江西东南境，朱子之家在其旁欲送伪师之葬。会聚之间，非妄谈时人长短，则谬议时政得失。乞下守臣约束，从之。是年，吕祖俭卒，其弟祖泰上疏，论‘韩侂胄有无君之心，请诛之以防祸乱’。”有旨：“吕祖泰挟私上书，语言狂妄。”拘管连州。右谏议大夫程松与祖泰有旧，恐被嫌疑，乃独上疏，论祖泰罪当诛。诏杖祖泰一百，配钦州今广东钦廉道钦县牢城收管。监察御史林采言：“习伪之成，造端自周必大，宜如绌削。”施康年亦以为言。诏贬必大为少保。

第四节　伪学之禁之取消

先是伪学之祸，虽本于韩侂胄欲去异己以快所私，然实京镗创谋，而何澹、刘德秀、胡弦成之；已而镗死，三人亦罢，侂胄厌前事之乖戾，欲稍更改以消中外之议。会张孝伯谓侂胄曰：“不弛党禁，恐后不免报复之祸。”籍田令陈景思，侂胄之姻也，亦谓侂胄勿为已甚，侂胄然之。嘉泰二年，宁宗八年诏弛伪学党禁，追复赵汝愚资政殿学士。党人见在者，咸先后复官自便。又削荐牍中不系伪学一节。时朱熹没已逾年，周必大、留正各已贬秩致仕，诏熹追复待制，致仕。必大复少傅，正复少保。

已而韩侂胄以开边生衅，伏诛。其党羽皆流窜。宁宗追悔前事，赠赵汝愚太师，追封沂国公，谥忠定；追复朱熹官阶，谥曰文，以论孟集注列于学官；追谥周敦颐曰元，程颢曰纯，程颐曰正。

理宗深崇儒学，即位以后，追赠朱熹太师，封徽国公；追封周敦颐为汝南伯，张载郿伯，程颢河南伯，程颐伊阳伯，并从祀孔庙。先是从祀中有王安石父子，孝宗淳熙中，始黜王雱，至是并黜安石。度宗即位以后，复以邵雍、司马光并从祀孔子庙廷。

第九章
明末东林党之祸

第一节　东林党祸成立之原因

一、宦官与阉党之结合　汉唐明三代皆亡于宦官。然汉代宦官，不若唐之恣横，汉不握兵而唐握兵故也；明代则不惟握兵，而兼司法。汉唐宋明四代，皆乱于朋党。然唐宋之朋党，双方皆士大夫，故竞争虽剧烈，倾轧虽频繁，犹有一部分道德观念，搘柱调停于其间，流血之惨剧卒不多见。汉明之朋党，一方为君子，一方为小人；一方为士大夫，一方为奄寺，其地位上权力上之利害，乃至思想意见，无一不起冲突，毫无调和之余地。一部分阴险狡猾顽钝无耻之士大夫，附和宦官，为之羽翼，以残害同类，号曰阉党，而双方之界限益混淆，关系益复杂矣。自成祖时，宠任宦官，授以兵柄；宣宗时，宦官始掌章奏，预闻机密。英宗宠王振、曹吉祥，授司礼太监，京营提督，而宦官位益尊。宪宗时，汪直与朝士王越、陈钺结。武宗时，刘瑾与朝士焦芳、刘宇、曹元结，而阉党权始盛。神宗因循泄沓，晏处深宫，纲纪废弛，君臣否隔；小人之趋权势者，与名节之士为仇雠。始则有东林党与宣昆党、齐党、楚党、浙党之攻讦，继则有三案之论争，门户纷然，是非莫定。及熹宗即位，东林党势盛，宣昆党与齐楚浙三党相继瓦解。反对东林者，乃内结权宦魏忠贤，以排斥正人；一部分趋炎附势利欲熏心之徒，复逢迎附和之，大兴党狱，残害正人。天下大权皆归忠贤手，其门下有五虎、五彪、十狗、十孩儿、四十孙之党羽，先后六七年间，兴大狱六七次；杨左诸君子皆丧于其手，流毒几遍天下，善类一网打尽。自朝廷大臣，下及一命之士，皆为阉党与模棱持两端之士所垄断，而有明元气尽矣。崇祯登极，阉党虽除，而各立门户，互攻争胜之习牢不可破；三十年中，三案葛藤，血战不已，国是纷呶，朝端水火，宁坐视国家之乱亡，而不能破除门户之角立。福王南渡，偏安江左，旦夕不支，而马阮之报复因循，犹是崔呈秀、魏广微之故智，亦可哀矣。

二、士大夫之意气用事　明世士大夫，好以意气用事，对于君主及宰相之举动，督责太严，丝毫不相假借。朝廷有大事起，不能酌理准情，婉言规劝，动辄呼朋引类，明目张胆，喧呼聒噪以争之。彰君主之失，明己之直，使君主老羞成怒，无转圜之余地。图博一己之名，而于国事毫无裨益。若宪宗时之孝庄皇后合葬问题，世宗时之大礼议，神宗时之张居正夺情问题，其尤著者也。而持论刻酷，遇事生风，推测过深，其所欲加之罪名，往往超出对象者应得罪名之上。张差一妄男子，持梃入东宫，诸臣必欲加郑贵妃以主使之名；李可灼一庸医，误用药杀人，诸臣必欲加大学士方从哲以弑逆之罪；李选侍一妇人，恋恋于乾清宫，安土重迁，亦人之常情，杨涟责其阴图专擅以攻选侍，及移宫以后，贾继春又倡言选侍投缳自尽以诬帝。附会宫禁，捕风捉影，狺狺争论，经年不休，积习相沿，几成痼疾，及其末流，卒以此败。魏忠贤一市井无赖，非有操、莽等跋扈之才，李林甫、元载、秦桧、严嵩等阴险之智，诸臣不能防之于机先，用非常手段，诛之以靖内难，而乃摇唇鼓舌，拖笔弄墨，明目张胆，与之打口舌官司。熹宗一黄口孺子，生长深宫，育于宦官、宫妾之手，既未教养于未即位之前，岂能责其明断于已即位之后？对牛操琴，向石说法，甚无谓也。卒之帝于诸臣所奏，无所可否，一切委之忠贤。忠贤乃诬以罪名，逮捕诸贤，次第受戮，若屠羊豕。正人皆尽，国随以亡。甚矣狭义之程朱道学教育成之八股先生，不足与语通权达变也。

第二节　明代宦官之专横

明太祖之初即位也，禁宦官预政典兵，常镌铁牌置宫门曰：“内臣不得干预政事，预者斩。”又禁内臣读书识字，不许与诸司文移往来，定制不得兼外臣文武衔，不得着外臣冠服，官不得过四品，月给米一石，使之衣食于内廷。然洪武十一年，五开洞名，在湖南辰沅道靖县边界蛮叛，以辰州指挥杨仲名为总兵官，讨之；先后遣内臣吴诚、吕玉至其军，观兵势，阅胜，后又屡遣内臣赴河州今甘肃兰山道导河县等处市马，贻谋固未尽善也。建文帝即位，御中官严。靖难兵起，中官奉使多有侵暴者，诏所在有司系治之；中官怨上，密遣人赴燕，告以京师空虚可取状。及燕兵逼江北，中官多逃入其军，漏泄朝廷虚实。成祖以为忠于己，即位以后，多所委任。诸宦官言功不已，帝患之。永乐元年，镇远侯顾成、都督韩观、刘真、何福等，出镇贵州、广西、辽东、宁夏诸边，乃命宦官中有谋者与之偕行，赐公侯服，位诸将上。未几，云南、大同、甘肃、宣府、永平、宁波亦各相继遣使。八年，设京营提督，使内臣监军，是为宦官典兵之始。元年，遣中官侯显使乌斯藏，今西藏李兴使暹罗，马彬使爪哇、苏门答剌诸国，尹庆使满加剌今英属麻剌甲，在马来半岛南端西岸、柯枝 Cochin 在印度半岛西南端，临阿剌伯海诸国，是为宦官奉使之始。三年，遣中官山寿率骑兵出云州，堡名，在今直隶口北道赤城县境内郑和、王景弘等率舟师下西洋，是为宦官专征之始。十八年，置东厂，以内监掌之，使刺外事，是为宦官预政之始。盖有明一代宦官出使、专征、监军、分镇、刺臣民隐事等诸弊政，皆始于此时矣。太祖定制，中官不许读书识字，成祖时，始令听选教官，入内教习。宣宗即位，始立内书堂，改主事刘翀为修撰，专授小内使书。其后大学士陈山、修撰朱祚俱专是职，选内使年十岁上下者二三百人读书其中，后增至四五百人。翰林官四人教习以为常。内官始通文墨，掌章奏，照阁票批朱，与外庭交结往来矣。

英宗即位，年方九岁，大学士杨士奇、杨荣、杨溥辅政。宦官王振狡黠多智，事仁宗于东宫；宣宗时，浸用事。英宗为太子，朝夕侍左右，及即位，命掌司礼监。振欲今朝臣畏己，数教帝摭拾小过，杖辱大臣。言官承振风指，肆行弹击。自公侯、驸马伯及尚书、都御史以下，无不被劾，或下狱，或荷校，甚至谴谪，殆无虚岁。三杨不能制。振事功利，盛兴边防镇守、京营掌兵、经理仓场、提督营造、珠池、银矿、布帛、织造等事，皆中官掌之。于是法制始弛，宦官之祸兴于内，敌国亦起于外矣。

已而杨士奇、杨荣相继卒，阁臣陈循、高谷等皆后进望轻，杨溥孤立无助，振日益恣横。振欲示威四夷，遂兴麓川在云南西南境及缅甸东北境之役，先后凡三次动大兵，老师费财。以一隅骚动天下，而终无成功。翰林院侍讲刘球曾应诏言事，触振之怒，下狱，被杀。

是时瓦剌元臣后裔，其根据地在天山北路，势力范围直抵内蒙古三特区方强，其酋长也先，数以入贡为名，要索朝廷赏赉。使人来者动至二千余人，朝廷耗费不赀。使人归时，以马易弓，藏于衣箧，不可胜计。镇守大同太监郭敬，岁造箭镞数十瓮，遗其使，帝知而不问。振欲邀功北鄙，数遣使侵略兀良哈，元臣后裔，分泰宁、朵颜、福余三卫，在今热河中部北部境内三卫怨怒，遂导瓦剌入寇。正统十四年，也先诱胁诸部，分道大举南侵，自拥众从大同入。边兵屡败，镇守诸将多战殁，边报日数十至。振欲邀功，挟帝亲征。是年八月，次于土木，在今直隶口北道怀来县西二十五里敌兵猝至，王师溃。振与诸大臣多被杀，也先挟帝北去。

景帝即位，籍振家，夷其族，而仍用其党曹吉祥掌京营。总督军务兵部尚书于谦，统诸将屡破瓦剌兵，也先乃请和，送还英宗。帝尊为上皇，居之南宫，礼遇甚薄。景泰八年春正月，帝疾笃，武清侯石亨、右副都御史徐有贞等，密与吉祥谋，乘帝舆疾宿南郊斋宫，以兵迎上皇复位。废帝为郕王，迁之西内；杀于谦及大学士王文等；封亨忠国公，有贞武功伯；予吉祥锦衣卫世职。以有贞为大学士，吉祥为司礼太监。有贞为曹石所引用，既得志则思自异，窥帝意微厌二人，乃稍稍裁抑之。亨、吉祥怒，谮有贞于帝，逮下狱，窜之金齿。卫名，在今云南腾越道故永昌府境内自是以后，吉祥与亨表里擅权，子侄皆为侯伯都督，门下厮养冒官者多至千百人。帝益厌之，乃委任大学士李贤，渐收政权于内阁。天顺四年，亨及其从子定远侯彪以罪诛，吉祥惧，遂与从子昭武伯钦，都督铉、铺、铎等举兵反。怀宁伯孙镗等讨诛之，夷其族。于是曹石之党皆尽，宦官气焰稍杀。

宪宗即位，贤相李贤、彭时、商辂辅政，政事修明。已而贤与时相继卒，佞臣万安、刘吉入阁。时贵妃万氏专宠，安因内使致殷勤于妃，自称子侄行。太监汪直者，大藤峡在今广西苍梧道桂平县境内，跨郁江两岸瑶种也，初给事妃，年少黠谲，帝宠之，命刺外事。成化十三年，置西厂，广置缇骑，以直领之。直罗织细故，屡兴大狱，冤死者相属。大学士商辂、兵部尚书项忠等先后劾之，帝不得已，暂罢西厂，令直归御马监。然帝眷直不衰，仍令密出外刺事。御史戴缙者，性险躁干进，探知帝意，乃假灾异建言，颂直功德，遂诏复开西厂，仍命直领之。直谮项忠，逮下狱，斥为民；又谮商辂，辂引疾罢归。缙希直旨，乞令两京大臣自陈，欲以领直所不悦者，于是大臣以次陈免者数十人。直益恣横，行边监军，所至苛扰。久之，帝眷始衰。十八年，罢西厂，降直南京御马监，斥逐其党，然直竟良死。

孝宗即位，贤相徐溥、刘健、李东阳、谢迁等相继辅政，朝廷称治。然宦官弄权，积重难返，且宦官以外，别有所谓阉党者出现，乃朝臣附和宦官，而为之羽翼者也。先是宪宗时，宦官汪直、梁芳等，与大学士万安、都御史王越、方士李孜省、僧继晓等结合，表里擅权；其后汪直得罪，王越免官，宪宗升遐，万安、梁芳、李孜省、继晓等亦相继窜逐以死。于是宪宗时之阉党皆尽。而太监李广有宠，与寿宁侯张鹤龄等互相交结，狼狈为奸；其后李广有罪自杀，鹤龄自引退，于政局尚无大影响。武宗即位，年甫十五，狎昵群小。东宫旧监刘瑾、马永成、高凤、罗祥、魏彬、邱聚、谷大用、张永俱用事，时号八虎。日导帝游戏，又劝帝令镇守内臣各进万金，奏置皇庄三百余所，畿内大扰。大学士刘健、谢迁、户部尚书韩文等，以瑾等蛊惑上心，奏请诛之；司礼太监王岳、范亨、徐智素不善瑾等所为，阴赞成阁议。事垂济，而吏部尚书焦芳泄其谋于瑾。瑾等夜趋帝前环泣，言“王岳结阁臣，欲制上出入”。帝信以为真，意遂中变，命瑾掌司礼监，永成、大用提督东西厂，永督十二团营及神机营，彬督三千营。瑾夜传命，收岳及亨、智充南京净军，旋矫诏追杀岳、亨于途；棰智，折臂；免健、迁官，褫文职；勒都御史张敷华、尚书杨守随、林瀚致仕，并杖谪诸臣之请留健、迁者；引芳为大学士；矫诏列健、迁、文、敷华、守随、瀚及都御史戴珊、郎中李梦阳、主事王守仁等五十三人姓名，号为奸党，榜示朝堂。

帝为群阉蛊惑，作豹房，朝夕处其中，大权皆归于瑾。瑾凡事得专决，不复关白，引用其党刘宇、曹元入阁，张彩为吏部尚书，大臣不附和者斥逐殆尽。中人以微法，无得全者。尝因早朝退，有遗匿名书于丹墀数瑾罪者，瑾怒，遂执朝士三百余人下狱。时盛夏酷暑，有暴死者。次日，廉知其同类所为，众获宥。正德五年，安化今甘肃泾原道庆阳县王寘鐇以诛瑾为名，举兵反，诏右都御史杨一清总制军务，以太监张永监军，往讨平之。一清知永怨瑾，密与画策。永因献俘奏瑾不法十七事，遂逮瑾下狱，诛之，籍其家。诸附瑾者皆窜逐。而内监魏彬、马永成，幸臣江彬、钱宁等用事，终帝之世，盘游不辍。

第三节　明代士风之矫激

一、有明初年之士风　儒教自经宋儒改革以后，变为道学，周程张朱之徒，皆以一介书生，教授后进，隐然以道统为己任。其学以致知力行为主，而归本于诚，故宋室之亡，节义之士独多。盖先贤之提倡收效大矣。明太祖起兵以后，百忙之中，留意人才，尝命有司每岁举贤才及武勇谋略通晓天文之士，其有兼通书史，廉吏亦得荐举。得贤者赏，滥举及蔽贤者罚。又定文武科取士之法。洪武二年，命博士孔克仁授诸子经，功臣子弟，并令入学；又诏天下府州县皆立学。六年二月，停科举，令有司察举贤才，以德行为本，文艺次之，其目曰聪明正直，曰贤良方正，曰孝弟力田，曰儒士，曰孝廉，曰秀才，曰人才，曰耆民，皆礼送京师，不次擢用；而各省贡生亦由太学以进。七年，修曲阜孔子庙，立孔颜曾三氏学，教其族人。八年，诏天下立社学，延师儒教民间子弟。十三年，诏天下学校师生，日给廪膳。十五年，帝诣国子监，释奠于先师。是年八月，复行科举。此后每三年一行为定制，而监生与荐举人才参用者尤多。其由监生、贤良、秀才、儒士等，起家为尚书、布政、按察使及参政、副使或御史、给事中者不可胜数。十六年，始今天下学校岁贡士于京师。二十五年，以名儒方孝孺为汉中府学教授。蜀王椿闻其贤，聘为世子师，名其读书之庐曰正学。盖当时科举选举与学校制并行，得人之盛，迈乎前代，而提倡儒教，注重实行，砥砺廉隅，崇尚名节，为此时特色。其吏治之淳，士风之朴，所以养成之者有自来矣。惠帝即位，召方孝孺为翰林院侍讲，转文学博士，亲任之。靖难之变，自孝孺以下，大小臣工殉国者独多，皆太祖在位时代养成之人物也。成祖即位，视国子监，行释奠礼，又命翰林学士胡广等，编《四书大全》《五经大全》《性理大全》等书，颁发各学校，一以程朱学说为标准，于是宋学益发达。英宗初年，王振乱政；末年，曹石乱政；宪宗时代，汪直乱政；武宗初年，刘瑾乱政。朝士有触犯之者，多遭下狱廷杖谪戍之祸，重者或处死刑。而翰詹科道与部寺小臣，抗章弹劾，视之蔑如，知有国而不知有身，知奸人之当去，而不知己身之有祸害。盖自太祖即位以后，百余年间，尊崇节义，敦厉名实，儒教之道德，渐渍于社会，浸成为风俗矣。历代贤相若杨士奇、杨荣、杨溥、李贤、彭时、商辂、徐溥、刘健、李东阳、谢迁等，直臣若诚意伯刘基、平遥训导叶伯巨、监察御史王朴、以上太祖时浙江按察使周新、侍讲邹缉、主事萧仪、侍读李时勉、以上成祖时监察御史罗汝敬、仁宗时主事郭循、宣宗时侍讲刘球、英宗初年御史钟同、礼部郎中章纶、大理寺少卿廖庄、景帝时翰林院编修章懋、黄仲昭、检讨庄昶宪宗时等，循吏若汉中知府费震、苏州知府况钟、吉安知府陈本深、抚治荆襄副都御史原杰等，道学若礼部侍郎薛瑄、江西征士吴与弼、翰院检讨陈献章、大学士王鏊等，其流风余韵，俱足以使顽廉懦立，皆儒教养成之人物也。

然而好名念之太重，时或流于矫激。太祖时，监察御史王朴性鲠直，数与帝廷辨是非。帝怒，命戮之。及市，召还，谕曰："汝其改乎？"对曰："陛下不以臣为不肖，擢官御史，奈何摧辱至此！使臣无罪，安得戮之？有罪，又安用生之？臣今日愿速死耳。"帝大怒，趣命行刑。过史馆，大呼曰："学士刘三吾志之，某年月日，皇帝杀无罪御史朴也。"成祖时，锦衣卫指挥纪纲用事，使千户缉事浙中，作威受赇。按察使周新捕治之。纲诬奏新罪，帝遽命逮新。既至，伏陛前抗声曰："陛下诏按察司行事与都察院同，臣奉诏擒奸恶，奈何罪臣！"帝怒，命戮之。临刑大呼曰："生为直臣，死当作直鬼。"竟杀之。

又好广通声气，不避嫌怨，对于素不满意之人，交章弹劾之；对于无罪受害之人，交章论救之。有结党之嫌，有营私之迹，容易为朝廷所误解。孝宗时，岷王膺钰奏武冈知州刘逊不法事，命锦衣官校逮之。给事中庞泮、御史刘绅等率科道论救。帝以亲王劾一州官，辄交章奏阻，下泮、绅等六十二人于狱，台谏署一空。九卿力谏，乃释之。逊亦无事。

二、孝庄皇后合葬裕陵议　明代士大夫好以意气用事，朝廷有大问题起，往往成群结队，断断以争，与天子以难堪之地位，甚或至积羞成怒，猝以暴厉手段对待群臣，激而成大狱者，实为史传中恒有之事。其居心之忠贞固可敬，其手段之操切抑亦可笑矣。宪宗成化四年，嫡母慈懿皇太后钱氏崩，生母周太后不欲使之合葬裕陵。英宗陵阁臣彭时、商辂、刘定之持不可，百官皆请如时议。帝曰："乖礼非孝，违亲亦非孝。其议别卜。"廷臣百四十七人皆上疏谏。礼部尚书姚夔合诸大臣疏言："皇上当守祖宗成法，岂可阿顺母后，显违前典。"帝犹豫未决。给事中毛弘倡言："此大事，吾辈当以死争。"合群臣伏哭文华门外，自巳至申，帝与周太后皆感动，乃许之。群臣呼万岁出。武宗正德十四年，帝下诏，将巡两畿、山东，阁臣及科道皆切谏，不报。兵部郎中黄巩、翰林院修撰舒芬、吏部郎中张衍等百余人，相继抗疏谏。帝怒甚，执六人下镇抚司掠治。余一百七人，跪阙前五日。旋杖之，死者十一人。

三、大礼议　明代士大夫，书生习气甚重，好争礼节，往往执宫廷细故，朝廷末节，摇唇鼓舌，拖笔弄墨，龂龂以争，使天子无自由伸缩之余地。在当时一般舆论批评之，固认为不得已，而自后世论史者观之，总觉其可已而不已也。武宗升遐，世宗孝宗犹子，武宗从弟以藩王入继大统，诏议崇奉本生父兴献王典礼。大学士杨廷和、礼部尚书毛澄以为“宜如汉定陶共王成帝弟，哀帝本生父故事，以益王子厚炫主后兴国，其称号宜如宋濮安懿王仁宗从兄，英宗本生父故事，称孝宗曰皇考，兴献王曰皇叔父，兴献王妃曰皇叔母”。议上，帝愠曰:“父母若是互易耶！”命再议。廷和与大学士蒋冕、毛纪固执前议，澄亦会廷臣再三执奏，疏俱留中。进士张璁揣知帝意，乃上疏，谓“帝以伦序当立，与汉哀帝、宋英宗之预养宫中立为储嗣者不同，故谓帝入继祖统则可，谓帝为孝宗后而自绝其亲则不可。宜考兴献王，母兴献王妃”。疏入，帝大喜，手诏阁臣，欲尊父为兴献皇帝，母为兴献皇后，祖母为皇太后。廷和等持不可，封还手诏。于是给事中朱鸣阳、史于光，御史王溱、卢琼等，交章劾璁，帝不听。是年十月，追尊父兴献王为兴献帝，尊祖母宪宗贵妃邵氏为皇太后，母兴国太妃蒋氏为兴献后。

旋复手敕，加兴献帝后以皇号。杨廷和与吏部尚书乔宇上书谏，帝不听。编修陈音、给事中朱鸣阳、御史陈昌等百有五人，上书力争，亦不听。次年嘉靖元年正月，清宁宫后殿灾，廷和等因言：“兴献帝后加称，列圣神灵容有未安，今大灾示戒，昭然可见。”给事中邓继曾亦以为言。帝勉从众议，称孝宗曰皇考，慈寿皇太后曰圣母，孝宗后张氏兴献帝后止称本生，不称皇。

是年十一月，邵太后崩。帝欲附葬茂陵，宪宗陵数下廷议。杨廷和等持不可，帝不听。毛澄以议礼不合，引疾归。

杨廷和恶张璁，除为南京刑部主事以远之。而兵部主事霍韬、给事中熊浃等，皆希旨附和璁议。大学士费宏，浃乡人也，恐廷和疑己，出浃为按察司佥事。韬自知为众论所龁，引疾归。巡抚云南都御史何孟春上书言，兴献王不宜称考；致仕都御史林俊亦上书言，不宜尊崇所生过当。廷和奏擢孟春为吏部侍郎，起俊为工部尚书。

巡抚湖广都御史席书具疏言，兴献帝宜称皇考，别立庙于大内，祭以天子之礼；兴献后宜称皇母某后，不可以兴献字加之。吏部员外郎方献夫亦具疏言，宜称孝宗曰皇伯，称兴献帝曰皇考。二疏俱中阻不果上。而南京刑部主事桂萼与张璁同官，日夜私诋朝议。三年正月，萼遂上疏，请改称孝宗曰皇伯考，兴献帝曰皇考，兴国太后曰圣母，武宗曰皇兄，并录书献夫二疏以闻。帝得疏，心动，手诏下廷臣集议。礼部尚书汪俊等二百五十余人并排萼议。上不听，免大学士杨廷和及汪俊官，夺给事中张翀等三十二人、御史郑本公等三十一人俸，以警其余；召席书为礼部尚书，张璁、桂萼为翰林学士，方献夫为侍讲学士。言官交章请留廷和、俊，斥璁、萼等，不报。大学士蒋冕力争，不听，遂乞休去。

先是萼疏既上，廷臣方具议，璁复疏言："今日之礼，不在皇与不皇，而在考与不考。"萼又曰："陛下承祖宗大统，执政乃无故任己私为不道，使陛下终身为无父人。逆伦悖义若此，犹可使与斯议哉！"二人疏同上，帝故趣召之。已而廷议追尊兴献帝曰本生皇考恭穆献皇帝，尊兴国太后曰本生圣母章圣皇太后。编修邹守益疏言："陛下推崇本生，业已尊为帝后，今复加称皇考，去其始封之号，直与正统无别，不可以示后世。"又言："历观前史，如冷褒、段犹汉哀帝时议礼之臣，主张定陶共皇太后、共皇后不宜用定陶藩国号者之徒，当时所谓忠爱，后世所斥为邪媚也；师丹汉哀帝时宰相，反对冷褒、段犹者司马光宋英宗时知谏院，议追尊濮王典礼者之徒，当世所谓欺慢，后世所仰为正直也。臣恐后之视今，犹今之视昔。"帝得疏，大怒，下诏狱拷掠，谪广德州判官。修撰吕柟，御史段续、陈相，吏部员外郎薛蕙，鸿胪寺少卿胡侍并上疏谏，俱下狱，谪官。

阁议以追尊之命已行，请停张璁、桂萼召命。帝不得已，从之。二人已在道，意大阻丧，乃复合疏，请与礼官面质，且云："本生对所后而言，若不亟去此二字，则虽称皇考，实与皇叔无异。"疏入，帝复召二人。给事中张翀等连章劾璁、萼及方献夫、席书等；刑部尚书赵鉴列璁等罪状上请。帝不听，切责翀、鉴。学士丰熙，修撰舒芬、杨慎、张衍庆，编修王思等，皆不愿与璁、萼同列，乞罢归。帝怒，俱夺俸。吏部尚书乔宇亦力言璁、萼不可用。上怒，切责宇。宇乞休去。

是年七月，璁、萼至京，复列上礼官欺罔十三事，且斥为朋党。帝召见群臣于左顺门，示以手敕，言章圣皇太后命去本生字。群臣骇愕。于是九卿、詹事、翰林、给事中、御史、六部、大理、行人诸司各上章争之，皆留中不下。尚书金献民、少卿徐文华倡言曰："诸疏留中，必改称孝宗为伯考矣。"何孟春曰："宪宗朝议慈懿太后葬礼，姚夔率百官伏哭文华门，此我朝故事也。"杨慎曰："国家养士百五十年，仗节死义，正在今日。"张翀曰："万世瞻仰在此一举，有不力争者共击之。"遂会群僚二百余人跪伏左顺门，有大呼高皇帝孝宗皇帝者。帝方斋居文华殿，命中官谕之退，不听。帝怒，遣锦衣先执为首者丰熙、张翀等八人下狱。杨慎等乃撼门大哭，众皆哭，声震阙廷。帝益怒，命尽逮何孟春等二百二十人，为首者戍边，四品以上夺俸，五品以下予杖。杖杀编修王相等十六人。大学士毛纪力请宥诸臣罪。帝怒，免其官。自是衣冠丧气。璁、萼以议礼骤贵，于是闲罢失职武夫小吏，皆望风希旨，抗论庙谟矣。

是年九月，更定大礼，改称孝宗为皇伯考，昭圣皇太后为皇伯母，献皇帝为皇考，章圣皇太后为圣母。四年五月，光禄寺署丞何渊希旨，请建世庙于京城，祀献皇帝，从之。

是时璁、萼用事，恶大学士费宏、石珤持正。奸人王邦奇承璁、萼指，上书讦故大学士杨廷和，并诬宏、珤为奸党。给事中杨言抗章为廷和、宏、珤辩护。上怒，逮言下狱，贬其官。宏、珤乞休去。桂萼屡为谏官所论，乃上言杨廷和私党犹在言路，请命科道互相纠劾。从之。于是言路日益多事，分门植党之风渐炽。六年八月，璁、萼及方献夫藉覆治妖贼李福达狱之机会，诬刑部尚书颜颐寿、左都御史聂贤、大理卿汤沐等故入人罪，罢谪颐寿等四十六人。帝以璁、萼等平反有功，赐二品服俸，编《钦明大狱录》，颁示天下。百户王邦奇讦杨廷和与前尚书金献民、彭泽，前都御史陈九畴等，处置边事失机。嘉靖三年土鲁鲁围肃州事件七年正月，逮九畴下狱，谪戍极边；夺献民泽职；释廷和不问。是年六月，颁《明伦大典》于天下，追论前议礼诸臣罪，削杨廷和籍，夺蒋冕、毛纪、毛澄、汪俊、乔宇、林俊职，斥何孟春及前吏部郎中夏良胜为民，于是张璁、桂萼、方献夫相继入阁。璁深恨诸翰林，入阁以后，请自讲读以下，量材补外，于是改官及被黜者二十余人；并罢选庶吉士，翰苑为空。十七年九月，尊献皇帝为睿宗，祔于太庙。帝与昭圣皇太后张氏有隙，其兄弟昌国公鹤龄、建昌侯延龄相继以谗下狱论死。于是大礼议告终，士气亦摧残殆尽。帝英察自信，果于刑戮，颇护己短。奸臣严嵩遂得一意媚上，窃权罔利，因事以激帝怒，戕害人以成其私，而一时正人多被祸矣。

四、张居正夺情议　明世士大夫，好争礼节，不达世故，持论深刻，往往与人以难堪。对于君主有然，对于宰相亦如此。宪宗初年，大学士李贤丧父，诏令驰驿归葬，即还视事。贤再疏乞终制，不许。及还京，修撰罗伦诣贤阻之，不听。伦上疏谏，忤旨，黜为福建市舶副提举。于是士大夫皆以伦为贤。世宗升遐，穆宗即位，加恩藩邸旧臣，以礼部右侍郎张居正为吏部左侍郎，兼东阁大学士，直内阁，旋进礼部尚书，兼武英殿大学士。是时徐阶以首辅当国，务持平恕，与民休息。大学士高拱自以先朝旧臣，数与阶轧，阶引疾去。穆宗在位六年崩，神宗以冲龄践祚。高拱以首辅当国，居正与之争权，复轧去拱。居正才识明达，自为首辅当国，独专大政十年。俺答之屈服，其谋略居多。蓟镇总兵官戚继光、辽东总兵官李成梁等，皆以宿将有战功，久任边防，威名卓著。居正能倚任左右之，不使掣肘，故一时边防颇能整饬。其为治务尊主权，课吏职综核名实，信赏罚，一号令，虽万里外，朝下而夕奉行。故神宗初政，起衰振惰，纲纪修明。万历十年，免天下逋赋二百余万，而帑藏充盈，民力殷阜，其相业为明代冠。

万历五年，居正父卒。户部侍郎李幼孜欲媚居正，首倡夺情议，居正惑之。司礼太监冯保素与居正相结，亦固留之。中旨令吏部尚书张瀚慰留居正，瀚不奉诏。诏责瀚无人臣礼，免其官。于是请留者相继。编修吴中行、检讨赵用贤、员外郎艾穆、主事沈思孝、进士邹元标交章争之，皆坐杖戍。学士王锡爵等求解于居正，不得。侍讲于慎行、田一俊、张位、赵志皋、修撰习孔教、沈懋学皆疏救，不纳。南京御史朱鸿模驰疏救中行等，并斥为民。于是锡爵、慎行、一俊、懋学先后移病归。朝廷命居正子编修、嗣修与司礼太监魏朝驰传往代司丧，诏居正以青衣素服角带，入阁治事。

居正居相位十六年，累拜太师、中极殿大学士，威权震主，好谀自尊。六曹之长，咸唯唯听命，至章疏不敢斥名，皆称元辅。士大夫始誉以伊周五臣，继且谀之以舜禹，居正亦恬然居之不为怪。晚年益褊急，恣快恩怨，黜陟多由爱憎，左右颇通贿赂；又与内侍冯保相结，论者少之。万历十年卒，帝以言者攻击，夺官籍没，戍其子弟于极边。天下惜焉。

五、建储议与梃击案　明世士大夫，对于宫廷举动，监督太严，似乎无理取闹，且持论深刻，吹毛求疵，近于深文周纳。对于君主有然，对于君主之家族亦莫不如此。先是张居正当国，痛抑言路。居正卒后，御史羊可立追论居正，籍其家。于是新进者争砺锋锐，搏击当路。可立与李植、江东之并荷帝宠，三人更相结，亦颇引吴中行、赵用贤、沈思孝为重，执政恶之。御史丁此吕复诬奏居正罪，大学士申时行、尚书杨巍等痛裁抑之。植、东之交章劾时行、巍蔽塞言路。大学士许国不胜愤，专疏求去，言“昔之专恣在权贵，今乃在下僚；昔颠倒是非在小人，今乃在君子。意气感激，偶成一二事，遂自负不世之节，号召浮薄喜事之人，党同伐异，罔上行私，其风渐不可长”。意盖指中行、用贤等也。自是言官与政府日相水火矣。

十四年二月，郑妃生皇三子常洵，诏进封皇贵妃。时王恭妃生皇长子常洛，已五岁，不益封。中外籍籍，疑帝将立爱。给事中姜应麟、吏部员外郎沈璟、刑部主事孙如法上疏："乞收回成命，首进恭妃，次及郑妃。"上怒，俱贬官。大学士申时行率同列再请建储，帝答以"元子婴弱，少俟二三年举行"。时帝以旱霾，下诏求直言。郎官刘复初、李懋桧等上疏，显侵贵妃。时行请帝下诏，令诸曹建言，止及所司职掌，听其长择而献之，不得专达，帝甚悦之。于是言者蜂起，章累千百，皆指斥宫闱，攻击执政。帝概置不问，门户之祸大起。

自张居正卒后，帝始亲政，荒于酒色，不理朝政，郊祀庙享多弗躬亲。十三年，礼科给事中王三余请帝亲郊；十四年，礼部主事卢洪春以帝不时享太庙，上疏极谏，皆被严谴。十七年，大理寺评事雒于仁上酒色财气四箴，直攻帝失。帝震怒，将加严谴；会岁暮，留其疏十日。十八年元旦，召见辅臣申时行等分析之。时行请毋下其章，而讽令于仁自引去。于仁赖以免。然自是章奏留中，遂成故事。是日，宣皇长子出见。时行请早定大计，帝犹豫久之，乃曰："朕不喜激聒。近阅诸臣所奏，恶其离间父子，故概置之。若诸臣不复奏扰，当以后年册立，否则俟皇长子十五岁举行。"时行因戒廷臣毋渎扰。是年十月，吏部尚书宋纁、礼部尚书于慎行率群臣合疏请册立东宫。上怒，下诏夺俸。

十九年九月，工部主事张有德预以仪注请。帝怒，夺有德俸。时申时行方在告，大学士许国、王家屏虑事中变，欲因而就之，引前旨争，首列时行名。时行闻之大愕，密疏言："臣方在告，实不与知。"给事中罗大纮劾时行："阳附朝廷请立之议，阴为自交宫掖之谋。"歙人黄正宾者，以赀为中书舍人，思立奇节自附清流，见大纮疏，亦抗章抵时行。帝怒，斥大纮、正宾为民。时行力求罢，而国与家屏又以建储请，帝责大臣不当与小臣比，遂罢国。时行亦乞休去。

自张居正卒后，时行以首辅当国，欲以宽大收人心，召用老臣布列庶位，朝论多称之。然政令务承帝指，不能有所匡正；又罢居正所行考成法，初，诸司章奏部院覆行抚按勘者，常稽不报。万历元年，居正奏立章奏考成法，以大小缓急为限，立文簿，月终注销，阁部科院递相纠举，误者抵罪。自是政体为肃一切务为简易，由是上下恬熙，法纪渐不振。

是时在廷诸臣，力争国本，举国若狂，而皇长子年逾十岁，尚未就傅。十八年，大学士王锡爵疏请豫教元子，不听。二十年正月，给事中李献可亦上疏请。上不悦，贬其官。首辅王家屏封还御批力谏。帝怒，切责之。给事中孟养浩、钟羽正等十四人先后上疏谏，皆被严谴。家屏亦乞休去。

先是群臣请建储，阁臣惟王家屏与言者意合。申时行、王锡爵皆宛转调护，亦颇以言者为多事。二十一年正月，锡爵复以首辅入阁，密请建储以践大信。帝手诏欲待嫡子，令元子与两弟三子常洵、五子常浩且并封为王。锡爵复请令皇后抚育元子。帝不听，竟下前谕，令有司具仪，于是举朝大哗。礼部尚书罗万化、给事中史孟麟等诣锡爵力争。廷臣谏者章日数上。锡爵偕阁臣赵志皋、张位请追还前诏，帝不从。既而谏者益众。工部郎中岳元声、礼部郎中顾允成等十余人，遮锡爵于朝房，面争之。元声语尤激烈。锡爵不能堪，请下廷议，不许；请面对，亦不报。因自劾求罢。上迫于众议，追寝前诏，而出允成与礼部郎中陈大来、于孔兼、薛敷教等四人于外，刑部给事中王如坚、光录丞朱维京谪戍，光禄少卿徐杰、署丞王学曾等除名为民。

是年十一月，皇太后生辰，帝御门受贺毕，独召王锡爵至暖阁。锡爵力请早定国本，且言“元子已十三，岂有子弟十三岁犹不读书者”。帝颇感悟。二十二年二月，诏皇长子常洛出阁讲学，用东宫仪，中外欣慰。

是时慈圣皇太后李氏帝生母坚持立长之议，帝意遂定。二十九年，皇长子年二十，群臣屡请册立冠婚并行。首相沈一贯以为言，帝从之。是年十月，立常洛为皇太子，同日封诸子常洵等四人为王，遣使谕知致仕在籍大学士申时行、王锡爵、王家屏，于是国本问题解决。而不逞之徒，乘机离间宫廷，于是梃击案之争复起。

先是二十六年秋，或撰《忧危竑宋宁宗皇子竑为史弥远废为济王，迁之湖州，而立理宗，旋为弥远所害议》，欲以离间郑贵妃及皇太子。妃兄国泰疑为给事中戴士衡、全椒知县樊玉衡所为，言于帝。帝重谪二人，事遂寝。三十一年冬，《续忧危竑议》复出。帝大怒，敕有司大索奸人。沈一贯与礼部侍郎郭正域有隙，给事中钱梦皋等希一贯旨，上疏指为正域所造，并及次辅沈鲤。时正域方致仕回籍，舟次杨村。遂发卒围正域舟，捕仆隶乳媪及所善医人等杂治之，无所得。正域旧为东宫讲官，皇太子遣使语阁臣，为正域乞哀。提督东厂司礼太监陈矩不欲株连，乃归狱于顺天黜生皦生光，磔之。诸人赖以免。然作者之主名竟不可得。

四十一年，奸人王日乾复上书离间皇太子与郑贵妃。首相叶向高以日乾素无赖，言于帝。下之狱，事得已。

四十三年，有蓟州男子张差，持枣木棍，入慈庆宫，太子所居击伤守门监，至殿前檐下，被执。命法司讯问，定为疯癫。后提牢主事王之寀复询，词连贵妃宫监刘成、庞保。之寀以闻，群臣多借此为奇货，遇事生风，交章攻击郑国泰，并侵及贵妃。帝心动，谕贵妃善为计。贵妃窘，乞哀于太子，自明无他。太子亦以事连贵妃而惧，白帝请勿株连。帝不欲穷究，乃磔差，毙成保于狱，事乃已。

皇后王氏贤而多病。国本论起，上坚持立嫡不立长之语，群疑上意在后病不可知，贵妃即可为国母，举朝皇皇；及上年高，后以贤见重，而东宫益安。四十八年四月，后崩。中宫虚位数月，贵妃竟不进位。

第四节　东林党之成立及其对他党之倾轧

初，张居正当国，吏部权渐轻。及宋纁、陆光祖相继为尚书，稍自振饬；至孙铳在职，操守益坚。二十一年，大计京朝官。铳与考功郎中赵南星力杜请谒，一时公论所不与者贬斥殆尽，大学士王锡爵、赵志皋之亲党亦与焉。由是阁臣皆憾。给事中刘道隆劾南星专权植党，贬南星三秩。铳亦夺俸，遂连疏乞休去。左都御史李世达、佥都御史王汝训等交章论救。上怒，斥南星为民。论咎者多获谴。

先是并封命下，吏部文选郎顾宪成上疏力争，又遗书王锡爵，反复辩论，议遂寝。孙铳、赵南星主考察，宪成实左右之。既迁郎中，所推多与政府牴牾。锡爵常语宪成曰："当今所最怪者，庙堂之是非，天下必欲反之。"宪成曰："吾见天下之是非，庙堂必欲反之耳。"遂不合。至是锡爵将谢政，会推阁臣，宪成举王家屏，忤帝意，削籍归无锡。宪成既废，名益高。里故有东林书院，为宋儒杨时讲道处，宪成与弟允成倡修之，偕同志高攀龙、钱一本、薛敷教、史孟麟、于孔兼诸人，讲学其中。海内闻风景附。往往讽议时政，裁量人物。朝士慕之，亦遥相应和。于是东林名大著，而忌者亦多。其后孙丕扬、邹元标、赵南星等相继讲学，自负气节，与政府相抗，是为东林党议之始。宪成、元标、南星三人最负高名，天下清流以比汉之三君焉。宪成常言："官辇毂志不在君父，官封疆志不在民生，居水边林下志不在世道，君子无取。"故讲习之余，必及时事。后卒以此为世口实。

是时帝在位已久，狃于怠荒，中外陈奏，多不省，或直言指斥，亦不罪。宁夏、朝鲜、辽东、青海、播州等处相继用兵，诸边多故，财政匮乏。各处奸民与中官相结，假开矿为名，骚扰各省，中人以上之家多破产。有司稍忤意，辄劾其阻挠逮治。群臣屡谏，帝皆不听。由是民不聊生，变乱蜂起。三十年二月，太子婚礼甫毕，帝忽有疾，召首相沈一贯入宫，谕以罢矿税及诸种弊政，撤还所遣中官，召用建言得罪诸臣。一贯方拟旨进，翌日，帝疾瘳，悔之，遣中使十余辈至阁，追还前谕。

三十一年，宗室楚中尉华越等，讦嗣楚王华奎及弟华壁皆异姓子，不当乱宗。事下礼部，署尚书事侍郎郭正域请令抚按行勘。首相沈一贯右华奎，言“亲王不当勘，但宜体访”。次相沈鲤以行勘为是，上从之。抚按皆言无左验。中旨以“楚王袭封已二十余年，何至今始发，且夫讦妻证，不足凭据”，坐华越等诬奏，降为庶人，锢之凤阳。

自楚狱起，阁部龃龉，廷臣分党，互相攻击。给事中钱梦皋等希沈一贯旨，劾罢郭正域。会妖书《续忧危竑议》事起，梦皋等交章劾正域，几陷重罪；赖顺天革生皦生光自诬服，坚不承正域与闻，事得已。

先是妖书事起，左都御史温纯力为沈鲤、郭正域辨诬，积忤沈一贯。三十三年，大计京朝官，纯与吏部侍郎杨时乔主之。一贯所厚之给事中钱梦皋、钟兆斗等皆在谪中。一贯怒，言于帝。降旨切责纯，尽留被察科道官。纯力求去。梦皋等遂连章讦纯楚事，诬以纳贿。给事中陈嘉训极论“梦皋、兆斗朋比为讦。请听纯归，以全大臣之体”。疏上，帝予纯致仕；梦皋、兆斗亦罢归。三十四年，嘉训与御史孙居相交章诋一贯奸贪。一贯求去，许之。嘉训、居相亦贬秩。一贯素有清望，惟楚宗、妖书、京察三事与时论异，故人多诋之。帝嫌沈鲤方鲠，并令致仕。

一贯、鲤既去，内阁中只余朱赓一人。廷推阁臣，命李廷机、叶向高并为东阁大学士，并召还王锡爵。时言官方厉锋气，锡爵进密揭力诋，中有“上于奏章，一概留中。特鄙弃之，如禽兽之音，不以入耳”之语，言官闻之，大愤，交章论劾。锡爵阖门养重，竟辞不赴。赓醇谨无大过，与一贯同乡相昵；廷机性廉洁，故出一贯门下，人多疑之。给事中王元翰、御史陈宗契等交章劾廷机，诋为辇金奥援。礼部主事郑振先指一贯、赓、廷机，为过去、现在、未来三身。上以其诬诋大臣，切责之。三十六年，赓卒，廷机以首辅当国，言路益攻之。廷机累疏乞休，不允，遂杜门不出；待命逾年，乃屏居荒庙，人迹都绝。言者犹攻之不已。辞职疏已百二十上，至四十年九月，不得命，竟归。计廷机系阁籍六年，秉政只九月，无大过；言路以其与申时行及一贯有旧，故交章逐之。辅臣以龂龁受辱，屏弃积年而后去，前此未有也。

廷机既去，叶向高遂独相。时言路互相诋讦，帝心厌之，章悉留中。御史郑继芳力攻给事中王元翰贪婪不法，元翰亦疏诋继芳。左右二人者，复相角不已。三十七年，向高请尽下诸疏，敕部院大臣评曲直，罪其论议颠倒者一二人以警其余。不报。诸臣既无所见曲直，益树党相攻。

都御史李三才巡抚凤阳，素得民心，屡加至户部尚书，然颇通贿遗，结纳遍海内。辅臣缺，建议者请参用外僚，意在三才。由是忌者日众。工部郎中邵辅忠、御史徐兆魁等交章弹劾，给事中胡忻、曹于汴等交章论救，朝端聚讼，数月未已。顾宪成素与三才善，贻书叶向高与吏部尚书孙丕扬，盛称三才廉直，舆论大哗。三才力请罢去。兆魁劾东林党人阴持计典。自是诸讲学者多不理于口。

时廷臣党势日盛，祭酒汤宾尹、安徽宣城县人谕德顾天埈江苏昆山县人各收召党徒，干预时政，谓之宣昆党；而言路又有齐、楚、浙三党。齐党以亓诗教山东莱芜县人等为之魁，而燕人赵兴邦直隶高邑县人等附之；楚党以宫应震湖北黄冈县人等为之魁，而蜀人田一甲四川忠县人等附之；浙党以姚宗文浙江慈溪县人等为之魁，而附之者尤众。三党皆与宣昆党声势相倚，并以攻东林，排异己为事。自帝倦勤，内外章奏皆留中不发，惟言路一攻，则其人自去。以故台谏之势，积重不返。一人稍异议，趣群起逐之。大僚非其党，不得安于位。天下号为当关虎豹。吏部侍郎王图、三十九年八月户部尚书赵世卿、同年九月吏部尚书孙丕扬、四十年二月兵部尚书兼左都御史孙玮、四十一年七月礼部侍郎孙慎行、四十二年八月大学士吴道南四十五年七月等，为所纠弹，相继去位。道南尝上疏言："台谏劾阁臣，职也。二百年来，有纠阁臣之言官，无詈阁臣之言官。臣辱国已甚，请立罢黜。"帝为谪给事中刘文炳于外。而言路恣横益甚，举朝如水火，攻击报复无已时。专任意气，快恩怨，而置国事于不问，识者早知其大祸不远矣。

第五节　三案之争论

帝自中年以后，二十余年不视朝。曹署多空，内阁只一人，六卿只数人，或以一人兼领数职，或有缺而十年不补。皇太子自册立以后，辍讲已十二年。群臣谏疏凡数百上。至四十四年八月，始命举行一次。其泄沓状态，从古所未有也。四十八年，帝崩，太子即位，是为光宗。即位数日，即有疾。内侍崔文升进泄药，帝由此委顿。鸿胪寺丞李可灼进红丸，帝服之稍快，又命进一丸。翌日，帝崩。是为红丸案。

初，郑贵妃侍神宗疾，留居乾清宫，及帝嗣位，犹未移。惧帝以福王事衔己，阴与帝宠姬选侍女官名李氏相结，请立选侍为皇后。选侍亦为贵妃求封皇太后。礼部尚书孙如游力争，乃止。帝既有疾，中外纷言贵妃所为。给事中杨涟、御史左光斗昌言于朝，以大义责贵妃兄子郑养性。贵妃恐，移居慈宁宫。帝崩，选侍欲据乾清宫，与心腹阉魏忠贤谋，挟皇长子由校以自重。杨涟、左光斗以选侍既非皇长子嫡母，又非生母，不得留居正宫，力争之。选侍不得已，移居哕鸾宫。是为移宫案，与梃击案并称三案。

皇长子由校即位，是为熹宗，年甫十六岁。太监魏忠贤与乳母客氏渐用事。中外皆恨李可灼妄用药，而大学士方从哲拟遗旨，赉可灼银币，御史王安舜首劾从哲，郑宗周等继之。廷臣追理前事，于是三案之争纷起。争三案者为东林党，以梃击为贵妃主谋，以进红丸为从哲之罪，以不移宫为选侍之罪；以三案为不足争者为非东林党，以张差为疯癫，以红丸为有效，以移宫为薄待先朝嫔御。朝端议论蜂起，纷如聚讼。从哲引咎乞休去，可灼遣戍。

自神宗末年以来，齐、楚、浙三党为政，黜陟之权吏部不能举。光宗即位以后，周嘉谟为吏部尚书，大起废籍，向称三党之魁者渐自引去。嘉谟恶给事中霍维华倾狡，出之于外。维华故与魏忠贤结，忠贤嗾给事中孙杰劾嘉谟，罢之。大学士沈漼官翰林时，尝授内侍书，忠贤从之受业；既入阁，与忠贤结。言官交章劾漼。漼疑大学士刘一燝主之，与忠贤比而龁一燝。一燝乞休去。

左都御史邹元标、副都御史冯从吾自神宗时以建言削籍，里居讲学垂数十年，光宗即位始召用，已而同官都察院，乃共建首善书院于京师，与同志高攀龙等讲学其中，名望日重。而诸不附东林者咸忌之。会当京察，给事中朱童蒙、郭允厚、郭兴治虑为元标所黜，乃交章劾元标等植党沽名，请毁书院。中旨谓宋室之亡，由于讲学，将加严谴。大学士叶向高力谏，乃解。元标、从吾并引疾归。

是时叶向高为首辅，与刘一燝及大学士韩炉皆右东林。赵南星为左都御史，与吏部尚书张问达掌京察，黜去齐、楚党首领亓诗教、赵兴邦等，天下快之。已而问达罢，南星为吏部尚书，掌铨政。李腾芳、陈于廷佐之。高攀龙、杨涟、左光斗秉宪，魏大中、袁化中长科道，郑三俊、李邦华、孙居相、饶伸、王之寀辈悉居卿贰，众正盈朝，激扬讽议。忠贤颇惮之，于外事未敢大肆。然而君子小人互相水火，大祸已迫于眉睫矣。

第六节　东林党与魏忠贤之冲突

先是世宗在位，驭内臣颇严，有罪者挞之至死，或陈尸示戒，故虽兴邸旧阉、提督东厂、掌司礼监者，亦不敢大肆。神宗末年，刑罚纵弛，厂卫缉捕亦渐稀简，诏狱至生青草。熹宗天启三年，以魏忠贤提督东厂，田尔耕掌锦衣卫事，许显纯为镇抚司理刑，三人皆残忍，大兴罗织之狱，缙绅之祸自此始。

忠贤初名进忠，少无赖，善骑射，尝与悍少年博，不胜，为所窘；愤而自宫，入内廷，夤缘为熹宗生母王才人典膳。熹宗为皇太孙时，忠贤与客氏比。熹宗即位后，司礼太监王安素刚正，常劝帝行诸善政，发帑金济边，起用建言得罪诸臣。诸大臣倚以为助。忠贤屡谋侵权，安重惩之。忠贤惧，乃与客氏共谋，嗾给事中霍维华劾安，矫旨命安充南海子净军，杀之。客氏淫而狠；忠贤不知书，颇强记，猜忍阴毒，好谀，帝深信之。两人愈相结，引用群小为爪牙，凡章奏皆其党李永贞等先阅视，钤视窾要，白忠贤议可否，然后行。帝性机巧，好亲斧锯椎凿髹漆之事，每引绳削墨，忠贤辄奏事。帝厌之，谬曰："朕已悉矣，汝辈好为之。"忠贤因得擅威福，劝帝选武阉，炼火器，设内操兵士万人，衷甲出入，钲炮喧震内外。给事中惠世扬、周朝瑞等上疏谏，不听。又因私怨杀光宗选侍赵氏，幽杀裕妃张氏。皇后张氏数于帝前刺客、魏过失，后有娠，客氏以计堕之。帝由此乏嗣。

忠贤雅重赵南星，遣其甥谒之，拒不纳；大学士魏广微，南星通家子也，以谄附忠贤得入阁，三至南星门，谢弗见。二人皆怨，比而龁之。于是忠贤与东林党渐生嫌隙。自帝即位以来，给事中周朝瑞、御史黄尊素、周宗建等，屡上疏劾忠贤，帝不问。四年，左副都御史杨涟上疏，劾忠贤二十四大罪。忠贤泣诉于帝，客氏庇之。帝责涟，释忠贤不问。廷臣益愤，先后交章劾忠贤者百余人，帝皆不听。

忠贤怒，矫旨杖杀工部郎中万燝以示威。大学士叶向高力谏，不听，引疾去。韩炉亦相继乞休。于是内阁之权入于阉党顾秉谦、魏广微手。涟疏中有“门生宰相”语，秉谦、广微见之恨甚，遂以己意点缙绅一册，以叶向高、韩炉、缪昌期、赵南星、高攀龙、李邦华、郑三俊、杨涟、左光斗、魏大中、黄尊素、周宗建、李应升等凡百余人，目为邪党，以贾继春、霍维华、阮大铖等五十六人为正人，进之忠贤，俾据是为黜陟。

御史崔呈秀巡按淮扬，赃私狼藉。左都御史高攀龙发其奸，赵南星议戍之。呈秀窘，乞援于忠贤，诬南星、攀龙与给事中魏大中、选郎夏嘉遇等朋谋结党，罢之。旋削吏部侍郎陈于廷及杨涟、左光斗籍，而以阉党徐兆魁、乔应甲、王绍徽代之。绍徽编东林党一百八人，系以宋时淮南盗宋江等诸名目，为点将录，献之忠贤，俾按名黜陟。呈秀复进天鉴录及同志录，备载东林党人及不附东林诸人姓名。由是群小无不登用，善类为之一空，有五虎、五彪、十狗、十孩儿、四十孙之号，而呈秀为之魁。凡异己者皆指为东林党而去之，清流之祸遂不可解。

五年，御史杨维垣首翻三案，霍维华继之，痛诋刘一燝、韩炉、杨涟、左光斗等。中旨免李可灼戍。给事中阮大铖与左光斗、魏大中有隙，嘱其同官傅櫆，劾内阁中书汪文言与光斗、大中交通为奸利；逮文言下诏狱，挺杖，除名为民。魏忠贤欲罗织东林，复逮文言下北镇抚司狱，使许显纯讯之。显纯毙文言于狱，手代作供状，诬杨涟、左光斗、魏大中及前御史袁化中、太仆少卿周朝瑞、陕西副使顾大章等六人，受前辽东经略熊廷弼贿，逮下狱，皆用惨刑毙之；并杀廷弼，传首九边。削赵南星、缪昌期、王之寀、李三才、惠世扬等籍，戍南星于振武卫，卒于戍所。御史张讷希忠贤旨，上疏力诋邹元标、孙慎行、冯从吾等，请毁其讲学书院。诏削元标等籍，毁天下书院。御史卢承钦希忠贤旨，上言“自东林顾宪成、李三才、赵南星而外，如王图、高攀龙等，谓之副帅，曹于汴、汤兆京、史记事、魏大中、袁化中谓之先锋，丁元荐、沈正宗、李林、贺烺谓之敢死军人，孙丕扬、邹元标谓之土木魔神，宜一切榜示海内，俾奸慝无所容”。忠贤大喜，悉刊党人名示天下，已罪未罪悉入其中。给事中杨所修希忠贤旨，请集三案疏章，仿《明伦大典》，编辑为书，颁示天下；霍维华亦以为言。从之。六年正月，作《三朝要典》，以顾秉谦等为总裁，极意诋谌东林，暴扬罪恶。书成，命秉谦拟御制序文冠其首，刊布中外。

崔呈秀恨高攀龙，必欲杀之；与忠贤密谋，诬攀龙与前苏松巡抚周启元交结，干没帑金。六年四月，逮攀龙、启元与前吏部员外郎周顺昌、谕德缪昌期、御史李应升、周宗建、黄尊素。攀龙闻警，自沉于池。顺昌、启元等被逮至京，并下镇抚司狱，先后搒掠死。七年，复追究三案，逮前刑部侍郎王之寀下狱，毙之；戍前礼部尚书孙慎行于宁夏。凡与东林党有关系者，先后被祸。缇骑四出，道路为愁。

浙江巡抚潘汝桢疏请建忠贤生祠于西湖，赐额曰普德，勒石记功德，阁臣撰文书丹。苏松巡抚毛一鹭继之。自是诸方效尤，几遍天下。疏辞揄扬，称以“尧天舜德，至圣至神”。阁臣辄用骈语褒答。旋以三殿告成，进忠贤爵上公，从子良卿宁国公，亲戚党与皆进秩。章奏无巨细，辄颂忠贤，称厂臣不名。山东奏产麒麟，阁臣票旨，言“厂臣修德，故仁兽至”。监生陆万龄请以忠贤配孔子，忠贤父配启圣公，其疏曰：“孔子作《春秋》，厂臣作《要典》；孔子诛少正卯，厂臣诛东林党人，礼宜并尊。”诏从之。于是忠贤遂与孔子同受享于国子监。士习如此，人心如此，朝野上下，无贵无贱，俱奴颜婢膝低首下心于权阉之下以求富贵，礼义廉耻业已丧尽。明事遂不可为矣。

第七节　党祸之结果

熹宗在位七年崩。忠贤谋篡位，崔呈秀以为时未可，乃迎皇弟信王由检入即位，是为庄烈帝。帝素稔忠贤恶，深自儆备。御史杨维垣首劾呈秀以尝帝意，诏罢呈秀。于是主事陆澄源、员外史躬盛等交章劾忠贤。诏放忠贤于凤阳，榜其罪示天下，寻命锦衣卫逮治。忠贤知不免，自缢死。追戮其尸，诛客氏及呈秀等。魏氏、客氏家属皆弃市，附和之徒悉加贬谪，毁《三朝要典》，冤陷诸臣咸与赠恤；又钦定逆案，分赞导、拥戴、颂美、谄附四目，分六等处刑，于是阉党皆尽。天下欣欣望治，而朝士朋党倾轧、贪恋富贵、不恤国事之习已成，迄不能改。帝又暗于知人，所用之大臣，若温体仁、周延儒、杨嗣昌等，皆庸劣卑鄙，而帝尊信之。既各以事败，则谓大臣皆不可信，而复专任宦官，布列要地，举措乖方，卒以致败。又其用人也，责效太速，且易受谗言，故每不专不久。十七年之间，易相至五十人之多。蓟辽督师袁崇焕之死，盖尤为寡恩而失计者。此其所以亡也。自是以后，历史上汉民族建立之大帝国告终，满洲民族建立之大帝国始成立矣。

第八节　党祸之余波

北都既陷，庄烈帝殉国。报至南京，参赞机务兵部尚书史可法方督师勤王，次浦口。诸大臣议立新君。时福王由崧、潞王常淓俱以避贼南来，伦序当属福王，而以德则潞王贤。凤阳总督马士英利福王昏庸，与操江诚意伯刘孔昭、总兵高杰等定策立之，送福王至仪真，连营江北，势张甚。可法不得已，奉福王即位。士英自为首相，出可法督师江北，引逆案中巨魁阮大铖为兵部侍郎，旋晋尚书，相与排斥正人。吏部尚书张慎言、侍郎吕大器、大学士姜曰广、高宏图、左都御史刘宗周等，皆以宿德重望在位，相继被逐。尽召逆案中杨维垣、虞廷弼等十余人布列要路。浙江巡按御史左光先者，光斗之弟，故与大铖世仇，又尝首劾士英，大铖诬以罪，逮下狱，而尽雪逆案贾继春等。杨维垣追论三朝当局，力诋王之宷、杨涟等，而为霍维华等诉冤。乃命重颁《三朝要典》，宣付史馆，追恤逆案诸臣。有狂僧大悲，自称齐王，逮下诏狱。大铖欲假以诛东林及素所不合者，因造十八罗汉五十三参之目，书史可法、高宏图等名，一时人望无不备列。纳大悲袖中，将穷治其事。士英不欲兴大狱，乃只诛大悲，诸人得免。是时士英当国，引大铖为谋主，内则与在廷诸清流为难，外则与宁南侯左良玉构衅，朝政兵事日即腐败。清兵南下，可法殉国，明室遂以不祀矣。

第十章
清末帝后党之争

第一节　戊戌政变之原因

清室以满洲民族，入主中国，对于本地旧来主人翁之汉民族，先天上既有隔阂之势，又用狭义之程朱道学，为儒教之正轨，牢笼一般汉民族心理，以消磨其跋扈枭雄之气；又用八股文章、律诗、律赋、小楷取士，使一般聪明智慧之士，虽有高才，无处发展，不得不敛才就范。凡缙绅上流束身自好之士，皆由此途出身。其结果，率天下之人，趋于乡愿，无论对于国家，对于社会，皆以“不求有功、但求无过”八字，为唯一不二持身涉世之格言，无一特立独行、敢为破格之举者。故有清一代，无党祸发生之机会。及其末年，外患剧烈，国家及社会各方面，无一不受极端压迫，国民之气磅礴郁结，不安于旧来状态，势不能不求变更。年少气锐、胸无成见之德宗，受四围环境之影响，乃毅然登庸新进，大行改革。盈廷亲贵大臣，多半顽固腐败，语以外来新法，率皆莫名其妙；又因个人利害关系，嫉视新进诸子，目为汉奸洋奴。而维新诸君子，又皆年少气盛，瞻前不顾后，以得君不专、行政不久之身，欲为旋乾转坤之举，革新之诏，月数十下，百日之间，革除清室历来弊政大半。守旧党迫于利害关系，乃奉文宗爱妾、穆宗生母、德宗嗣庶母、当时名义上已归政、实际上仍揽权之孝钦显皇后为主，与德宗竞争。后党、帝党相持不下，新者极新，旧者极旧。朝廷之上，势成水火；宫闱之中，蜚语四起，遂使孝钦显皇后日暮途远，倒行逆施，三出训政，夺据主权。举朝右主张变法及赞助变法诸臣，皆处以诛戮放逐禁锢之刑，幽帝于瀛台，名为养病，实则拘囚。遂使锐意图强之德宗，忧愁抑郁，浸成痼疾，竟至不起。国民中之发愤求自强者，乃不得不于清廷以外，别组织新团体，以求达到改革目的。于是维新党及守旧党之势力皆衰，革命党之势力乃大起。有清二百六十余年之社稷，遂以不祀矣。

第二节　德宗变法之动机

清室自乾隆末年，宰相和珅当国，揽权植党，贿赂公行，吏治大坏；川湖陕之教匪、浙闽粤之海贼相继蜂起，国势浸衰。嘉庆初年，竭全国之力，经营十数年，仅得荡平之。而天理教徒之林清、李文成，回教徒之张格尔，复相继作乱。及道光末年，鸦片之战，为英人所败，缔结江宁条约，割让香港，逼开五口通商，出偿金二千一百万两。于是清室积弱情形，始大暴露于天下。咸丰初年，发匪、捻匪相继作乱，东南半壁多为所陷。曾胡左李诸名将，竭十余年之心血，仅得荡平之。而粤督叶名琛复一误再误，激成广州之役。英法以少数联军攻破北京，为城下之盟。于是清室积弱情形，益为欧人所藐视。文宗、穆宗相继早夭，德宗冲龄，以醇亲王长子，入嗣大统。孝钦显皇后以文宗爱妾，临朝称制，在中国国体上，在清朝家法上，已成变局。孝钦有纵横跋扈、驾驭群雄之才，而骄奢汰侈，不恤民隐，卖官鬻爵，贿赂公行，吏治益坏。德宗幼年，在孝钦膝下长成，备受冷酷严峻之待遇，习见国事日非，外患日迫，人才日缺乏，财政日困难，武备日废弛，民生日憔悴。而深宫之中，方且以行乐为目的，宠任宦官宫妾，提海军经费，修颐和园，筑万寿山，凿昆明湖，终日盘游无度。汲汲顾影，惟恐不逮，更无余暇经营国事。朝臣之大多数，泄泄沓沓，醉生梦死，酣嬉歌舞，粉饰升平。其黠者营私舞弊，无恶不作；庸者旅进旅退，除去脚靴手板、磕头请安以外，无所事事。以此等女主，此等大臣，立于十九世纪之文明社会，与欧风美雨相播荡，万无幸存之理。德宗愍焉忧之，思有所变更以应时势，而环顾朝臣，无一可与共谈国事者。法越战役起，中法构兵，虽互有胜负，而越南卒为法所灭。英人取均势之局，进灭缅甸。暹罗亦乘机独立。琉球先已入于日本。于是外藩尽撤。甲午战役起，中日二国因朝鲜有违言，中国以狮子搏兔之力而不胜，日本以螳臂当车之势而不败。其结果，割台澎，偿兵费，续开四埠通商，为有清对外战争以来第一次大失败。李鸿章取联俄主义，怂恿孝钦以东三省铁路干线之敷设权及旅顺、大连二港之租借权与俄。欧洲列强援利益均沾之例，相继租借胶州湾、威海卫、广州湾、九龙以为抵制，发生最近无数葛藤。司法权、财政权、军政权无一不受外人牵掣，无自由发展之余地，于是朝野上下，逐渐觉醒，知非大行改革，不足以图自立。维新党首领康有为，始以布衣上书天子，怂恿德宗，励行新政矣。

第三节　德宗变法之成绩

自咸丰、同治以来，中国迭经外患，当局者始渐知西人之长技，思所以效法而自强。设制造局以制新械，设方言馆以养译才，设招商局以争航利，派学生出洋以输入新知识，用客卿美人蒲安臣为大使以联邦交，其他如练兵、通商、造船、开矿诸大端，皆次第举行。然变法不知其本，故行之已数十年，于国势之孱弱仍莫克振救。

光绪十六年，德宗行大婚礼，孝钦始归政。然一切用人行政大权仍在孝钦手，内则宦官李莲英，外则军机大臣孙毓汶等，皆为孝钦耳目。每遇帝召见群臣，辄令内监于屏风后窃听，所以束缚帝者甚严。甲午战役以后，外患日迫，中外士大夫，多有知旧政不良，而思改革者。有志之士，群相与译新书，谈新学，历史上遗传之排外自大之气为之一变。粤东布衣康有为屡上书言时政，格不得达，乃倡强学会于上海，创立《时务报》馆，以其门人梁启超等为主笔。启超才人，富于常识，立论婉转透辟，能以启发人心。销行甚旺，风声所树，举国倾动。中华革新之机，实肇端于此时。一时康梁之名震于海内，政府大臣多有思罗致而推荐之者。军机大臣恭亲王奕䜣不以急进为然，乃止。

是时户部尚书协办大学士翁同龢，以上书房总师傅兼军机大臣辅政。同龢与帝有师弟关系，朝夕进见，得君最专，见康有为之著作，大惊服，备以其议论奏闻于上。上毅然有变法自强之志。光绪二十一年六月，适当中日议和以后，创巨痛深，乃密令同龢拟诏敕十二道，将布维新之令；孝钦觉之，逼帝撤同龢毓庆宫行走，夺上历来信用之侍郎汪鸣銮、长麟等职，于是帝与太后渐生嫌隙，变法之议亦中止。二十三年十二月，德人袭据胶州湾，有为复驰赴北京，上书极陈事变之急。是时有为已通籍，授工部主事，乃请堂官代奏。清制，除去给事中、御史以外非各部院寺各省长官不许专折奏事堂官恶其伉直，屏斥之。然京师一时传抄殆遍。给事中高燮曾嘉其忠，抗疏荐之。二十四年正月，命王大臣传有为至总署，即后来之外交部询问天下大计，并令如有所见，及有著述论政治者，皆由总署进呈。于是有为之书皆蒙御览，上称善。翁同龢复面荐于上，谓“有为之才，过臣百倍，请上举国听之”。上以为然，诏有为具疏统筹全局。是年四月，奕䜣卒。同龢谋于上，决计变法。二十三日，下诏定国是。二十八日，召见有为。上以廷臣守旧阻碍变法为忧，有为曰：“请上勿去旧衙门，而惟增置新衙门；勿黜革旧大臣，而惟荐擢小臣，不必加其官，而惟委以差事，赏以卿衔，许其专折奏事足矣。彼大臣向来本无事可办，今但仍其旧，听其尊位重禄。而新政之事，别责之于小臣。则守旧大臣，既无办事之劳，复无失位之惧，则怨谤自息矣。”上以为然，命有为在总理各国事务衙门即总署行走，许专折奏事；梁启超办理译书局事务。于是维新党首领始获进用。太后不悦，逼帝免同龢官，而以后党荣禄为直隶总督、北洋大臣，总统近畿诸军；裕禄为礼部左侍郎，在军机大臣上行走，以侦政局内情。

是时朝士显分新旧两党。旧党多亲贵大臣，附和太后，与帝为难，世人混名之曰老母班；新党多少年后进，赞成帝意，反对旧党，世人混名之曰孩子班。上欲悦太后意，命二品以上大臣，补官陛见，均诣太后前谢恩，外官一体奏谢。大臣知上无实权，对于康有为所上请开制度局及增置十二局之疏，交总署及军机处议覆者，迁延数月，迄不作覆；及上催促急，乃尽行驳斥。上虽责之而无如何。太后与大臣忌有为在京，授意于大学士孙家鼐上疏，请派有为赴上海督办官报。

是时有为与内阁侍读杨锐等开保国会于京师，研究改革之策，劝帝下诏，废八股文及律诗、律赋、小楷，改试策论经义，以搜求人才；设京师大学堂，命各省府厅州县筹备高等学、中学、小学，兼习中西学科，以养成后进；变通武科，废止弓刀石，改试枪炮；变更兵制，命京营兵改习洋操，以整顿武备；命各省督抚裁撤冗兵，力行保甲，以节饷需；开办中国通商银行，以活动金融；设矿务铁路总局、农工商总局于京师，命各省设立商会，上海设总商会，以提倡实业；裁撤骈枝衙门，以省经费；广开言路，命各省藩臬道府专折具奏，州县等官由督抚原封呈递，士民上书由本省道府随时代奏，以达下情。又谕各省士民，有能著新书制新器者，国家给以优奖，保其专利；有捐资自办学堂者，优与奖励，以提倡文化。盖自四月二十三日下诏定国是以后，至七月杪，为时不过九十余日，新颁之新政与变更或废止之旧政凡数十种，虽为日有限，未收实效，然帝之心力固已瘁矣。

第四节　新政之推翻与新党之逮捕

先是穆宗升遐，太后欲专国政，利立少主，故迎德宗嗣位；及帝稍长，英明渐露，后颇惮之，所以钳制之者甚厉。帝亲政后，满廷亲贵大臣皆附和太后。帝年渐长，求治之心颇切，思欲得一二通才以资驰驱。光绪二十年，擢编修文廷式为侍读学士，以志锐为侍郎。廷式者，瑾妃、珍妃之师，志锐则其兄也。当时二妃颇能进言，故太后忌之，诬以罪，廷杖二妃，降为贵人；窜志锐乌里雅苏台。廷式托病出京，仅得免祸。甲午战败以后，上用翁同龢言，黜军机大臣孙毓汶、徐用仪。太后不悦，撤同龢毓庆宫行走，俾不得与上接近；黜工部侍郎汪鸣銮、兵部侍郎长麟、侍读学士文廷式，以孤上党。上旋以翁同龢为军机大臣，辅政，太后滋不悦。二十四年四月，上召见康有为，谋行新政，后即逼上黜同龢以为抵制。于是母子之间，嫌隙益深，上愈形孤立。

有为开保国会于京师，新进之士多赞助之，守旧大臣不悦。御史黄桂鋆、李盛铎、潘庆澜、文悌等，相继上疏弹劾。悌言尤诞妄，谓保国会宗旨在“保中国不保大清”。军机大臣刚毅请查究会中人，上不许，黜文悌以警其余。于是守旧党滋不悦。梁启超联合举人百余人，上疏请废八股取士之制，都察院、总理衙门皆不肯代奏。时会试举人集辇毂下者将及万人，皆与八股相依为命，闻启超等此举，嫉之如仇。已而诏废八股，改试策论，举国迂缪守旧之人，失其安身立命之业，遍播谣言，诽谤新政。礼部尚书许应骙百计阻挠废八股，御史宋伯鲁、杨深秀交章劾之，应骙乃转劾有为以为牵制，上两不问。

候补京堂岑春煊上书，请大裁冗员。上从之，裁撤向来无事可作之詹事府、通政司、光禄、鸿胪、太常、太仆、大理寺及与总督同城之湖北、广东、云南三巡抚，并东河总督、与各省不办运务之粮道、向无盐场之盐道，其余京外应裁文武各缺，命大学士、六部、各省督抚分别详议以闻。于是前者尸位素餐、阘冗无能、妄自尊大之人，多失其所恃。京师讹言康有为欲尽裁六部九卿衙门，人心皇皇，更有与维新诸臣不两立之势。被裁撤者谓帝违背祖制，多赴宁寿宫，请太后保全，收回成命，后笑而不答。上屡诏小臣上书言事，长官不得阻抑。礼部主事王照上书，请上游历外国，堂官不为代奏。事闻，上恶其壅蔽，革尚书怀塔布、许应骙等六人职，擢照候补四品京堂以赏言者。于是守旧党益侧目。怀塔布、立山等率内务府人员数十人环跪于太后前，哭诉上之无道。于是后与帝感情益恶。

是时帝锐意改革，而军机大臣皆守旧党，不能奉行帝意；帝又扼于太后，不能骤易大臣，乃加内阁候补侍读杨锐、刑部候补主事刘光第、内阁候补中书林旭、江苏候补知府谭嗣同四品卿衔，在军机章京上行走，参预新政。锐、光第皆保国会会员，旭则康有为弟子，嗣同为有为亲信之人。自是凡有章奏，皆经四人阅览；凡有上谕，皆由四人拟稿。军机大臣侧目而视。

是时维新诏书屡下，对于革除旧弊之事，再三致意，其中有“命八旗人丁，如愿出京谋生计者，任其自由”之语，于是向来不仕不农不工不商专恃口粮为生计之满族惰民，群起大哗，谣谤纷起。又中国淫祠，向来最盛，虚糜钱帑，供养莠民，最为国家之蠹。上乃下诏，将天下淫祠悉改为学堂，于是奸僧恶巫咸怀咨怨。京外各大寺僧人，交通内监，行浸润之谮于太后，谓上已奉西教，于是后与帝益交恶。时局至此，朝野上下，无论满汉贵贱僧俗，多数反对新政，于是向来以心思阴险、手段老辣著名之孝钦显皇后，乃沈机观变，乘衅而起矣。

自是年四月以来，京师谣言，皆谓帝病重，然帝日日召见臣工，固未尝有病也。及革礼部六堂官，擢四京卿，守旧党皆侧目，满洲大臣怀塔布、御史杨崇伊等先后至天津，与荣禄谋，请太后复训政。时近畿诸将中，惟袁世凯久使朝鲜，谙中外之故。帝欲引为己用，乃召见世凯，超擢候补侍郎，赐以密诏，命夺荣禄兵柄。世凯还津，尽以语荣禄。荣禄疾驰入京，上变于太后，谓帝信康有为等逆谋，将围颐和园，不利于太后。后大怒。八月十六日，复临朝称制，幽帝于南海之瀛台；逮杨锐、林旭、刘光第、谭嗣同、杨深秀及康有为之弟广仁，下狱，杀之；革康有为、梁启超、王照、宋伯鲁职；有为等走免，诏逮捕其族属，查抄其家产；革礼部尚书李端棻、户部侍郎张荫桓职，遣戍新疆；下礼部侍郎徐致靖及其子湖南学政仁铸、编修仁镜于狱；革湖南巡抚陈宝箴及其子吏部主事三立、署礼部侍郎王锡蕃、出使日本大臣黄遵宪等职。凡与新政有关系诸臣皆黜免。复置已裁撤之詹事府等衙门及各省冗员；废农工商总局；停止各省府厅州县所筹办之高等中小学堂，复文科八股及武科弓刀石取士之制；废官报局，禁止士民上书；命各省督抚，查禁全国报馆，严拿主笔；禁止集会结社，拿办会员，凡从前创行之新政，一律推翻，变更及废止之旧政，一律复故。复密谋废立，命军机处密电各省督抚，征取同意。两江总督刘坤一、广东布政使岑春煊、上海绅士经元善及南洋群岛诸华商皆抗电力争，乃止。

第五节　戊戌政变之结果

孝钦谋废立不成，乃于光绪二十五年，立端郡王载漪文宗犹子，德宗从兄之子溥儁为大阿哥，满语即皇太子嗣穆宗后，以为将来废立之基，命尚书崇绮、大学士徐桐傅之；命载漪管理总理各国事务衙门；以荣禄为军机大臣，节制北洋诸军，与军机大臣刚毅、赵舒翘等同辅政。载漪等皆不学顽锢，于世界之事茫无所知，国事益坏。

自戊戌政变以来，康有为、梁启超借英日人之保护，出走海外，政府捕之急。各国以国事犯无交出之理，拒绝引渡，政府无如之何。有为在南洋，闻废立之风说，深为帝危，乃结同志立保皇会，言者谓会中宗旨，在“保皇帝不保太后”。启超在日本，著《戊戌政变记》一书，于太后失德事，言之甚详。太后览之，惭愤泣下。而报馆之倡言攻太后者，又以外人保护，不能严加惩治，因此之故，致怨于外人。适值白莲教遗孽蜂起山东，蔓延及于直隶，仇视天主教徒，肆行杀戮，借“助清灭洋”为口实，自称义和团。山东巡抚毓贤、直隶总督裕禄信之，纵其屠戮外人及各处教徒。载漪等亦欲借以排斥外人在中国之势力，乃怂恿太后对各国宣战，酿成八国联军破北京之祸。太后挈帝出奔西安，命李鸿章为全权大臣，与各国使臣议和，诛戮祸首，赔款海关银四百五十兆两以谢罪。是为庚子之变，时光绪二十六年也。次年，各国撤兵，太后挈帝还京。而俄人据东三省不肯退，日本以东三省与日接近，深惧俄人得之，为心腹之患，屡次抗议，俄人不应；朝廷又无力强制俄国撤兵，遂酿成日俄之战。自此以后，太后知仇外之非，不能不议改革以从民望，乃于二十六年十二月，复下诏变法，而诸事因循敷衍，不能满国民欲望。湖南志士唐才常首先起兵汉口，谋奉帝复位，不克而死。广东志士孙文、湖南志士黄兴等继之，组织同盟会，以与清廷抗，屡次起兵，屡次失败，气不少衰。三十四年，帝与太后相继崩，遗诏以醇亲王载沣帝胞弟子溥仪嗣位，命载沣为摄政王监国。自此以后，亲贵用事，组织皇族内阁，国事益坏。宣统三年，宣布铁路国有政策，借外国款，收回各省之商办铁路。四川人民首先抗议，总督赵尔丰以武力镇压之，戕杀绅商多人。人民大愤，各处蜂起拒命，于是川乱遂不可制。是年八月十九日，武昌民军起义，奉协统黎元洪为都督，分兵下汉阳、汉口。湘皖苏赣秦晋云贵浙闽桂粤等省蜂起应之，组织政府于南京，举孙文为临时大总统，命黄兴组织内阁。清廷震骇，下诏退位，清室遂亡矣。

结　论

综合以上所述，约得断定如左。

一、中国全盛时代无党祸，如舜时之五臣，周初之十乱，虽有联带关系，然本来非党，无所谓党祸也。衰弱时代或渐濒于衰弱时代有党祸，前者如东汉末年之钩党、明末之东林党、清末之维新党皆是，后者如有唐中叶以后之牛李党、北宋中叶以后之新旧党、南宋中叶之伪学党皆是也。

二、士大夫与宦官竞争时，大率士大夫常居劣败地位，宦官常占优胜地位，如李杜陈窦诸贤之对十常侍，刘健、谢迁诸贤之对刘瑾，东林诸贤之对魏忠贤皆是也。

三、朝臣分党互相竞争时，则君子常败，小人常胜，如李纲之对李邦彦、耿南仲、黄潜善、汪伯彦等，赵鼎、张浚、岳飞等之对秦桧皆是也。

四、竞争者之双方皆士大夫时，则比较品行高尚者常败，品行卑劣者常胜。李德裕对于牛僧孺，李精明强干，工于断制，有作事能力；牛阴柔圆滑，善于敷衍，有作官能力。李之前辈为裴度，同辈为郑覃、陈夷行、李绅，皆君子；牛之前辈为李逢吉，同辈为李宗闵、杨嗣复、李珏，皆小人。故其结果，李在政治上虽成功，而个人之境遇，则完全失败；牛在政治上，虽伴食多年，毫无成绩，而个人之境遇，反得旅进旅退，窃宠荣以终其身。司马光、王安石，双方皆君子矣，然王之相续人为蔡确、章惇、蔡卞、蔡京等，皆阴险狡猾，富于权术；司马之相续人为吕公著、吕大防、范纯仁、韩忠彦等，颇公平正直，犹有书生本色。故其结果，旧党完全失败，在政界上之势力，悉被排斥驱逐，无丝毫存留之余地，新党遂一时握有重权也。东林党与宣昆党、齐党、楚党、浙党之关系亦如此。东林党多君子，虽意气用事，时或流于矫激，然居心光明磊落，无可非议；非东林党多小人，苟利于己，无所不为，故甘心与权宦握手，为之作爪牙羽翼，虽牺牲国家，有所不恤也。此外，若范仲淹、富弼、杜衍之对于夏竦、贾昌朝、王拱辰等，康有为、梁启超之对于刚毅、荣禄等，皆不出此例。

五、新旧分党互相竞争时，适合于国民心理者胜，否则败。宋时旧党收最后之胜利，清时新党收最后之胜利，因时代早晚不同，四围环境亦异，故宋时大多数之国民甘心守旧，清时大多数之国民希望维新也。

六、学术上分派对峙时，时常带有地方彩色。如儒学之于邹鲁，老学之于陈蔡，墨学之于宋郑，法学之于齐秦，皆以一地方为大本营进而与他学派争胜负于异地。其一时取威定霸于中原者为法学家，其根据地皆大国，所凭藉者厚也；其卒能收最后之成功者为儒学家，其教义以忠孝为主，适合于我国国民心理，为专制君主及受专制之国民所欢迎也。政界上之党派，亦时常带有地方彩色，如北宋之洛党、蜀党、朔党，明末之宣昆党、齐党、楚党、浙党皆是也。两晋南北朝时代，虽政界无彰明较著之党派，而社会上南北人时常互相排斥，亦不外此例也。

七、学术上各派对峙时，时常含有门户之见。春秋战国时代所谓孔氏之徒、老氏之徒、墨氏之徒，宋代王学之徒、程学之徒皆然。明代座主与门生之关系、业师与弟子之关系以及最近世所谓东洋学派、西洋学派者，皆不外此例也。

准此以观，吾不能不为吾国前途危也。吾国可危之现象不止一端。

其一曰，吾国过去之社会状态，乃适宜于小人，不适宜于君子也。夫物竞天择之公例，惟适者乃能生存。粪圃虽污，群蛆自得；池水虽浊，游鱼杂居，惟其适也。孔子大圣人，而畏于匡，厄于陈蔡，不悦于鲁卫，遭难于宋，栖栖皇皇，不遑宁处；孟子大贤，所如辄不合；朱子道学家，伪学之禁正严时，几乎人皆欲杀；康梁为最近世先知先觉，清廷悬赏格十万以捕之，国中无望门投止地，不得不托庇外人宇下，惟其不适也。吾民族数千年生息于专制空气之下，苟欲进取，必以诈伪；苟欲自全，必以卑屈。其最富于此两种性质之人，即在社会上占最优胜之位置，而其稍缺乏者，则以劣败而渐就澌灭。是故先天之遗传，盘据于社会中，而为其国民之公共性，虽有一二达识热诚之士，苟欲攘臂为生民请命，则时或不得不用诡秘之道，时或不得不为偏激之行。曾文正、胡文忠惟明于此义，故能利用官文为傀儡，以买清廷欢心，借以成中兴之功；康南海、梁任公惟不屑于为此事，故一触怒孝钦，身几死，君几废，政策完全推翻，而国亦随以灭也。

夫李忠定、岳忠武岂非当代所谓大贤者乎？其人之进退生死，恒关系于我国家我民族之盛衰存亡，使稍贬其节，游移其主张，则身可存，位置可留，权力可保，北宋可借以不亡，南宋犹或借以复兴，然二公卒不肯委曲牵就，敷衍调停，逢迎朝廷之意旨，以达自己最终之目的者，孔子所谓“其智可及，其愚不可及也”。孟子曰：“人有不为也，而后可以有为。”二公人格之高尚者在此，二公末路之失败者亦在此也。

夫王甫、曹节、秦桧、刘瑾、魏忠贤之徒，为历史上千人所指之恶人，固不足以代表我民族也，然我民族中所尊重崇拜目为大贤者，其人格亦时常有令人不满意之处。吾于魏晋之交，得二大人物焉。一曰王祥，琅琊士族，少以孝友著闻，魏之晚年，以清流重望，仕至太尉。尝与司徒何曾、司空荀𫖮共诣当时权相司马昭，𫖮谓祥曰：“相王尊重，何侯与朝臣皆已尽敬，今日便当相率而拜，无疑也。”祥曰：“王公相去，一阶而已，安有天子三公可辄拜人者！君子爱人以礼，我不为也。”及入，𫖮拜而祥独长揖。昭谓祥曰：“今日然后知君见顾之重也！”其高自位置受人尊敬如此。及魏室已亡，祥循例进位太保，封睢陵公，安富尊荣，毫无建白，优游没世，薨谥曰元。子孙袭其名望，秉国钧数百年，享大名居高位者代有其人。东晋及南朝佐命皆为其苗裔，福祚之长，远在帝室以上。一曰司马孚，懿之次弟。懿父子之秉政也，孚优游魏室台阁三十余年，位至太傅，性忠慎，尝自退损，每逢废立之际，未尝预谋。魏主髦之被弑也，孚奔往，枕之股而哭，甚哀，曰：“杀陛下者，臣之罪也。”魏主奂之被废也，出舍金墉城，孚拜辞流涕，歔欷不自胜，曰：“臣死之日，固大魏之纯臣也。”及晋武帝即位，大封宗室，孚循例封安平王，进位太宰，都督中外诸军事，子望等七人皆封王，恩礼甚重。每元会，诏孚乘舆上殿，武帝于阼阶迎拜，即坐，亲捧觞上寿，如家人礼。孚虽见尊宠，常有忧色，泰始八年，病笃，临终，遗令曰：“有魏贞士河内司马孚，字叔达，不伊不周，不夷不惠，立身行道，终始若一。当衣以时服，敛以素棺。”薨年九十三，谥曰献，诏赐东园温明秘器。其家遵遗旨，一不施用。此二人为当时元老，后世理想上之模范人物，计其生平事迹，乃与三年不言之息夫人相类，足为贰臣传生色。无惑乎南北朝及后五代之大人物，若王谧、徐羡之、王弘、褚渊、王俭、王僧虔、王晏、王亮以及范质、王溥、魏仁浦等，皆以前朝宰相，为后朝佐命，恬不知耻；而历仕五朝八姓十一君之冯道，且自作长乐老叙，以夸耀其累朝荣遇之历史也。古诗云：“镌功奇石张弘范，不是胡儿是汉儿。”岂惟弘范，彼刘殷、张宾、王猛、尹纬、尹详、崔宏、崔浩、郭重韬、安重诲、桑维翰、韩延徽、卢文进、赵延寿、张元、吴昊、高庆裔、史天泽、洪承畴、范文程等，凡异族据有中国内地称王称帝者，其佐命元勋，何一非汉儿哉！我国国民性如此，宜乎清末之大学士、军机大臣、内阁协理大臣、宣统废帝之太保、洪宪皇帝之国务卿某公，一跃而为民国大总统。帝制罪魁、复辟罪魁、安福俱乐部党人某某等，皆邀特赦，或擢显职，而帝制罪魁之首领绰号大财神某公，今且奉组阁之特命也。

由来过去之历史，为现在及未来之面影。我国过去政治界之状况如此，则将来之社会必至强者去，弱者留；明者亡，愚者存；阳刚之分子被淘汰，阴柔之分子被擢用；光明磊落之人物，受环境之压迫，洁身引去；而阴险狡猾或圆活模棱之人物，乃得恣横跋扈或委蛇牵就于其间，以独占社会上应享之权利。白璧不可为，庸庸多后福，举朝野上下，无贵无贱，皆以倾险或柔媚手段，为持身涉世唯一不二之要术。率天下之人，而为大奸巨憝、鄙夫乡愿，此岂社会之福也！

其二曰，我国历史上现出之国民性，乃适宜于专制，不适宜于共和也。由来君权最盛时代无党祸，周之成康，西汉之文景，东汉之光武明章，唐之太宗高宗，宋之太祖太宗，明之仁宗宣宗，清之圣祖高宗，皆历史上所谓升平时代，当时君权圆满无缺，对于大小臣工，颇能收身使臂臂使指之效，无所谓党祸也。即乱暴如秦始皇、汉武帝、隋炀帝，猜忌如汉高帝、隋文帝、明太祖、成祖、清世宗，其在位时代，亦何尝有党祸？明太祖时有胡党之狱、蓝党之狱，此君主欲加之罪，故意加以党名，不得列于党祸内也因当时君权重、压力强也。历代贤相若霍光、诸葛亮、张居正等，权相若王莽、曹操、司马懿等，其当国时代，君权可谓微弱矣，然君权集于宰相一身，其压力之强，与专制君主等，无党祸发生之余地也。唐之党祸，始于穆宗，盛于文宗，弱于武宗，而终于宣宗。因穆宗昏庸，文宗优柔，无辨别贤愚之智识；武宗英明，宣宗察察，有束缚党人之魄力也。北宋新旧党之争，虽肇端于神宗时，然迄不成为党祸，至哲宗时祸始萌芽，至徽宗时祸始剧烈者，因神宗英明，乾纲独振，举措由己，无党人弄权之余地；哲宗幼弱，徽宗庸暗，容易为小人所愚弄也。此外若汉桓灵、明熹宗时代之党祸，由于君主之幼弱愚暗；南宋高宗宁宗时代之党祸，由于君主之优柔怯懦；清末之党祸，因君主虽精明而不强干，且大权旁落，君主徒拥虚位故也。

吾国贤士大夫，语及党之一字，则蹙额掩耳，如不欲闻。试一按史乘陈迹，每当一姓之季，何莫非以党争而取灭亡。故党争者，祸国之具也，其所以不能发生之原因，惟恃两种势力以制裁之。其一则明天子在上，无偏无党，惟贤是用，故结托盘据者不得逞焉；其二则社会多数人，皆知己身与国家共休戚，又略有判辨政治得失之常识。人民之自由意见，又得确实保障，以供主权者之采择，促政府之履行。虽有野心家，苟非真尽瘁于国利民福，而持之有故，言之成理者，不足以为号召，不能有所凭借以执国命，斯龌龊诈虞之术无所施矣。吾国人民，向来国家观念薄弱，又乏政治常识，其自由意见，复无完全保障，无监督政党之能力与志望。无能力犹可希望将来经过几番磨炼以后，增长能力也，无志望则视国家之事，如秦人之视越人，漠然无所动于心，真所谓自暴自弃者矣。故历史上现出之党祸，惟恃君主之力以预防之，若君主无力预防，则党争之结果，未有不亡国败家丧身辱名者也。以此等民族，而欲行共和政体，是犹聚多数之缠足妇人，骤赤其足，使之竞走。无惑乎十年以来，在朝在野之伟人政客，植党营私者踵相接，政党之名遍布于国中，而国家之困穷，地方之糜烂，人民之涂炭，且远甚于清室末年也。

其三曰，儒教之束缚太甚，士大夫不敢作破格之举动也。孔子鉴周末贵族之极弊，思定一尊以安天下，故于权门疾之滋甚，而经传中矫枉过直之言，遂变为神圣不可侵犯之天经地义。如《尚书》所谓“惟辟作福，惟辟作威，惟辟玉食，臣无有作福作威玉食”；《论语》所谓“天下有道，则政不在大夫，天下有道，则庶人不议”；《公羊传》所谓“人臣无将，将则必诛”，皆据乱世救弊之言，而二千年来君臣权限之理论所由出也。汉兴，叔孙通、公孙弘之徒，缘饰儒术以立主威。武帝表章六艺，罢黜百家，益弘此术以化天下，天泽之辨益严，而世始知以权臣为诟病。尔后二千年来，以此义为国民教育之中心点。宋贤大扬其波，基础益定，凡缙绅上流束身自好者，莫不兢兢焉。义理既入于人心，自能消其跋扈枭雄之气，束缚于名教以就范围。范蔚宗《后汉书》，论张奂、皇甫规之徒，功定天下之半，声驰四海之表，俯仰顾盼，则天命可移，而犹鞠躬狼狈，无有悔心，以是归功儒术之效，诚哉然也。若汉之诸葛忠武、唐之郭汾阳、清季之曾左李诸公，皆隐受其赐者也；若东汉末年钩党诸贤、明末东林党诸贤，则阴受其害者也。吾闻近世立宪国之大宰相，进退百僚，改革庶政，风行雷厉，操纵如意，不顾毁誉，不避嫌怨，凡有举措，固不必一定请求君主之同意，及大多数人民之谅解也。汉之宦官，不握兵柄，若欲收之，一狱吏足矣。陈窦诸公，既受顾命辅政，便当便宜行事，诛之以靖内乱。窦太后妇人，灵帝乳臭子，对于国家大计，素不明了，何必奏请以耽延时日，坐待事机败露？明之魏忠贤虽握兵柄，然武力远在蓟辽经略孙承宗之下。承宗既请以贺圣寿入朝，事在天启四年何不拥兵入清君侧？而乃襆被远来，中途闻诏书遽返，坐视权奸乱国。东林诸贤骈首受戮，而不敢过问，至阉党诋之曰王敦、李怀光，遽自引退以明心迹，坐视关外之事破坏至于不可收拾。熹宗冲人，其初即位时，东林党诸贤方秉政，既已知其非人君才，何不行伊霍之举以安宗社？而乃坐视其任用憸人，浊乱天下，仅以口舌争之，而不期其必有实效。其于束身寡过之义则得矣，其如天下大局何？盖汉末、明末诸君子，非不爱国，然爱国之心，不敌其好名之心，敢于杀身成仁，而不敢牺牲名誉，为国家除害，则儒教之教义害之也。此外若李纲、宗泽之对于汪黄，赵鼎、张浚、岳飞之对于秦桧，虽肝脑涂地，毫无悔心，论史者窃哀其忠。然高宗庸懦，贪恋大位，本来不足以有为，何不另选宗室之贤明者，拥戴之以图恢复？而必费有用之精神，与此懦夫争闲气，论史者终笑其不智也。昔人论霍光曰：“不学无术。”吾谓正惟光不学，所以敢为破格之举。若以钩党或东林党诸贤当此难局，则汉之为汉未可知也。若易地以处，吾知光必以辣手婆心，诛权宦以安宗社矣。

其四曰，利己心之范围太狭隘，见近而忘远，顾现在不顾将来也。人也者，非能以一人独立于世界者也，于是乎有群；又非能以一群占有全世界者也，于是乎有此群与彼群。一人与一人交涉，则内吾身而外他人，是之谓一身之己；此群与彼群交涉，则内吾群而外他群，是之谓一群之己。同是己也，而有大己小己之分焉。当此群与彼群之角立而竞争也，其群之结合力大而强者必胜，薄而弱者必负。结合力何以能大能强？必其一群之人，常肯绌身而就群，捐小己而卫大己，于是乎爱他利他之义生焉。圣人之不言利己也，恶其为群之贼也。人人知有身不知有群，则其群忽涣落摧坏，而终被灭于他群，理势之所必至也。我国人不知群之物为何物，群之义为何义也，故人人心目中，但有一身之己，无有一群之己。其所组织之党，非以国家之目的而结合，乃以个人之目的而结合者也。宦官、阉党、奸臣之结合，以势力，以权利，以名位，士君子之结合，以意气，以好名心，其存心虽有善恶之殊，目的物虽有清浊之异，而其以个人为本位，不以国家为前提，则一也。此等党派，不得谓之政党，只能谓之朋党。朋党之特征有五，一曰以人为结合之中心，不以主义为结合之中心；二曰不许敌党存在；三曰以阴险狠戾之手段相竞争；四曰党内复有党；五曰其乌合也易，其鸟兽散也亦易。试一考我国历来之党争，其绝对不犯此五种特征者，殆无一焉。非惟小人之党如是，即号称贤士大夫之党，亦何尝不如是也！此等党派勃兴之国，非特霾曀其政界，亦且漓散其民德，而党之寿命亦必不永，大抵与国俱亡，或先自亡而国亦随之。何也？彼合多数个人之私目的，决无由成为一国家之公目的。无公目的，则决无以为继续结合之具，其安能久也？然虽不久，而其痛毒国家，已不可计及矣。

其五曰，地方之观念太重，有族民资格，无国民资格；有村落思想，无国家思想也。吾国社会之组织，以家族为单位，不以个人为单位，所谓“家齐而后国治”也。周代宗法之制，在今日其形式虽废，其精神犹存。试游我国村落，其自治规模粗备也，而一至大都会，则混杂凌乱，不可思议，政治界、教育界、实业界中之大小人物，各私其亲戚，各党其乡人，争权夺利，互相排斥，虽牺牲国家及团体之利益，而有所不恤。此等狭义之爱乡心，实为建立国家一大阻力，而其所由来，则皆古来之历史养成者也。廉颇用赵，子房思韩，孔子设坛洙泗，子夏教授西河，古人行之，本为美德，而其发达过度之结果，遂变为以地方为本位之党争。南北朝时代、北宋中叶、有明末年，皆曾蹈其覆辙，而现在则方兴未艾者也。

其六曰，议论多而成功少，工于措词，拙于实践，勇于争论，怯于履行也。李膺之诛张朔也，亲率吏卒捕朔，付洛阳狱，受辞毕，即杀之；汉桓帝延熹八年阳球之诛王甫也，收甫父子送洛阳狱，自临考之，五毒备极，悉死杖下，汉灵帝光和二年手段何其狠辣。杨一清之诛刘瑾也，假手于张永之奏捷；明武宗正德五年徐阶之诛严世蕃也，藉口于刑部之狱词，明世宗嘉靖四十四年心思何其阴险。然以之辅昏主，诛奸人，则贤于十万师远矣。陈窦诸君子及东林党诸贤昧于斯义，哓音瘏口，拼死命以力争，而彼昏不知，方且视宦官如骨肉，汉灵帝常曰张常侍是我公，赵常侍是我母目大阉为圣贤，明熹宗天启七年祀魏忠贤于国子监，配孔子恶诸贤之渎请。诸贤安得不失败也！庾翼之经略中原也，违诏北行，移镇襄阳，都督征讨诸军事之命始下；晋康帝建元元年桓温之伐汉成李氏也，拜表即行，委长史以留任；晋穆帝永和二年褚裒之伐后赵也，上表以后，即日戒严，直指泗口，征讨大都督之命始下；同永和五年刘裕之伐南燕也，抗表辄行，朝议皆以为不可，裕不顾；晋安帝义熙五年温、裕权臣无论矣，翼、裒晋室忠臣，何以亦跋扈如此？则以军事缓急，动有机宜，大将举动，不能尽得朝臣同意。武夫力而战诸原，书生坐而议其后，为用兵者之大忌。晋室去古未远，受儒教之毒不深，故仗钺专征之大将，犹能进退自如、不受廷议之牵掣如此；故能以蕞尔江南，屡抗大敌，对于五胡十六国，时常声罪致讨，为汉民族生色，不至如南宋之称臣称侄，屈膝于夷狄也。宋明二代，儒学最发达，宗泽及韩岳吴刘诸大将，受环境之影响，不敢作破格之举动，除去上书反对和议、主张进取、与权奸打口舌官司外，无他方法以贯彻自己之目的，故卒不能成功。而明之辽东边事，亦皆受廷臣牵掣，名将如熊廷弼、孙承宗，皆被龉龁去职，卒不能大有作为，则朝议之反复不定害之也。谚曰："秀才造反，三年不成。"证之于宋明二代之朝议，确乎其不诬也。前清宣统末年，民党举义，以几纸檄文，几封电报，威吓寡妇孤儿，使之退位；借口舌笔墨宣传之力，得意外之成功。民国成立以后，益踵事增华，中央政府、地方政府与民间团体，每有举措，必有几篇冠冕堂皇文字，为报纸添材料，以图敷衍内外国人耳目。此等粉饰手段，于大局究何补也！

其七曰，胸无定见，富于雷同性、附和性与盲从性也。周勃之诛诸吕也，振臂一呼，士皆左袒；汉高后八年王莽之将篡位也，天下吏民前后为莽上书颂功德乞封赏者，四十八万七千余人；汉平帝元始五年陈东之争罢李纲也，军民不期而集者数万人。宋钦宗靖康元年此等多数之人，大抵胸无成见，乘一时之意气，雷同附和，敢作敢为，胜则争功，败则诿过。群众心理，可利用而不可长恃也。载漪、刚毅利用之，嗾使义和团，排斥外人，屠戮基督教徒，酿成庚子之变；袁世凯利用之，嗾使杨度、孙毓筠等，发起筹安会，变更国体。当时官绅、军警、工商各界之寡廉鲜耻者，多上书劝进，极力逢迎，甚至乞丐、优伶、妓女，亦皆组织团体，上书请愿。帝制未成，而各省讨袁军已纷纷而起。从前拥戴袁氏者，皆反颜相向，肆行攻击，于是此狙诈狡猾之老奸雄，遂气结成病，郁郁以终。民气之不可恃也如此，何以现在野心之阴谋家犹欲利用青年血气之勇，演成种种运动，摧残国家之元气也！

呜呼，二十世纪之生存竞争社会，欧风美雨，随处播荡，东亚大陆，已无闭关自守之余地。我国历史上传来之国民性，是否适宜于当代之对外竞争，此真疑难问题也。悟已往之不谏，知来者之可追，庶几改之。予日望之矣。

民国十年十二月二十四日

著者自跋于日本东京帝国大学附属图书馆

图书在版编目（CIP）数据

中国历代党争史 / 王桐龄著. -- 北京 ：应急管理出版社，2025. 2. -- ISBN 978-7-5237-0777-7

Ⅰ. D691

中国国家版本馆 CIP 数据核字第 20255KG544 号

中国历代党争史

著　　者　王桐龄
责任编辑　高红勤
封面设计　刘红刚

出版发行　应急管理出版社（北京市朝阳区芍药居 35 号　100029）
电　　话　010－84657898（总编室）　010－84657880（读者服务部）
网　　址　www. cciph. com. cn
印　　刷　三河市九洲财鑫印刷有限公司
经　　销　全国新华书店

开　　本　710mm×1000mm $^1/_{16}$　**印张**　9　**字数**　160 千字
版　　次　2025 年 3 月第 1 版　2025 年 3 月第 1 次印刷
社内编号　20241119　　　**定价**　59. 80 元
